Hedwig Kellner

Ein klares
N E I N
muss
manchmal
sein

Hedwig Kellner

Ein klares NEIN muss manchmal sein

Das Trainingsprogramm
zum selbstbewussten
Neinsagen

Kösel

© 2003 by Kösel-Verlag GmbH & Co., München
Printed in Germany. Alle Rechte vorbehalten
Illustrationen: Mathias Hütter, Schwäbisch Gmünd
Druck und Bindung: Pustet, Regensburg
Umschlag: Kaselow Design, München
Umschlagmotiv: ZEFA/Stock Illustration Source/Zaue
ISBN 3-466-34462-X

Gedruckt auf umweltfreundlich hergestelltem Werkdruckpapier
(säurefrei und chlorfrei gebleicht)

Inhalt

Ab sofort soll sich was ändern ...!   7

1 Warum ist es so schwer, nein zu sagen? **9**
Das Problem mit dem Nein   10
Die Nichte aus Venezuela – eine Dankespflicht   12
Shopping mit der Chefin – Verabredung
   aus Mitleid   13
Das Raucherzimmer – einmalige Ausnahme   14
Der hungrige Sohn – Liebe gegen Vernunft   15
Der Pflegehund – nicht schlagfertig genug   16
Der wichtige Kunde – das leidige Pflichtgefühl   17
Das verliehene Buch – Freundschaft muss
   nicht alles dulden   18
Welches sind Ihre Hürden beim Neinsagen?   20
So bleiben Sie beliebt, auch wenn Sie einmal
   nein sagen   27

**2 Sie dürfen ein Ja zurücknehmen und
doch noch nein sagen!** **33**
Sie müssen nicht immer zu Ihrem Wort stehen   34
Die sieben besten Gründe für Ihr
   nachträgliches Nein   37
Entscheiden Sie sich noch einmal bewusst
   für ja oder nein   42
Nehmen Sie das Ja zurück und sagen Sie nein   44

3 So sagen Sie selbstbewusst und fair nein **53**

Bringen Sie das Nein über die Lippen!   54

So sagen Sie überzeugend nein   56

Sagen Sie nein wie eine Königin   65

Manchmal sollten Sie Ihre Gründe nennen   70

So sagen Sie nein zu Ihrem Chef   80

4 Wenn die anderen ein Nein nicht

akzeptieren wollen **93**

Rechnen Sie mit den Hartnäckigen   94

Durchschauen Sie die Techniken der Psychovampire   104

Wehren Sie unfaire Manipulationstechniken ab   116

5 Notprogramm: Das bedingte Ja

als Hintertürchen **121**

Sie haben ein Recht auf Bedenkzeit   122

So geben Sie ein bedingtes Ja   135

6 Lassen Sie sich nie wieder ausnutzen! **141**

Sind Sie »zu gut« für diese Welt?   142

Das Anti-Ausnutzungs-Programm:

   Die Bilanz-Methode   147

Arbeiten Sie nach bewährtem Trainingsprogramm   154

Ab sofort soll sich was ändern ...!

Sie haben sich entschlossen, die Kunst des selbstbewussten Neinsagens zu üben. Sie wollen nicht mehr zulassen, dass andere Ihnen Arbeiten zuschieben, die sie selber erledigen müssten. Sie wollen nicht mehr, dass andere Ihnen mit Ansprüchen und Forderungen kommen, die für Sie eine Zumutung sind.

Vielleicht geht es Ihnen wie so vielen Menschen: Sie haben schon als Kind gelernt, dass Sie hilfsbereit und nett sein müssen. Das ist auch ganz richtig. Aber leider gibt es zu viele Mitmenschen, die sich die Hilfsbereitschaft und Nettigkeit anderer zunutze machen. Ganz schnell kommt es dann zu Ausnutzerei. Aber das lassen Sie in Zukunft nicht mehr mit sich machen!

Manchmal mögen Sie vielleicht nicht gerne nein sagen, weil Sie sich selbst dem Fragenden oder Bittenden gegenüber verpflichtet fühlen. Sie stehen in einem Dankbarkeitsverhältnis und wollen ja selbst auch mal wieder um einen Gefallen bitten können. Sie wollen sich nicht schuldig machen, anderen nicht geholfen zu haben – dort, wo Hilfe notwendig und für Sie machbar gewesen wäre. Auf der anderen Seite gilt: Was nicht geht, geht nicht. Und das müssen Sie auch so sagen können, ohne durch Rechtfertigungsdruck in die Enge getrieben zu werden.

Es kann auch sein, dass Sie bei Ihrem Chef nicht wissen, ob es überhaupt richtig ist, einfach nein zu sagen. Müssen Sie zustimmen, wenn der Chef etwas von Ihnen verlangt? Was ist, wenn der Chef gar nicht zuhört, wenn Sie zu erklären versuchen, dass Sie ja gerne möchten, es jedoch zeitlich nicht mehr schaffen? Wie sagt man zum Chef nein, ohne sich damit als Leistungsverweigerer darzustellen?

All das kann man lernen, und Sie werden es auch lernen. Am meisten profitieren Sie von diesem Buch, wenn Sie gemeinsam mit Ihrem Partner oder einem Freund, mit einer Kollegin oder einem Kollegen an dem Thema arbeiten. Sie können dann nämlich in kleinen Rollenspielen praktisch üben, was Ihnen hier an Tipps verraten wird. Sie werden sehen, wenn Sie es ausprobieren, geht es plötzlich ganz wunderbar.

Sicherlich liegt Ihnen auch am Herzen, dass Sie durch Neinsagen nicht Ihre Beliebtheit bei anderen einbüßen. Sie wollen nicht zu den Egoisten und Rücksichtslosen gehören, die immer nein sagen und möglichst nie helfen. Darum geht es ja auch gar nicht. Es geht darum, dass Sie selbstbewusst entscheiden, wozu Sie ja und wozu Sie nein sagen wollen. Nicht mehr und nicht weniger. Wenn Sie einmal eine Bitte oder Forderung ablehnen müssen, dann wollen Sie das überzeugend tun. Sie wollen nicht in endlose Diskussionen über die Berechtigung Ihrer Ablehnungsgründe verwickelt werden. Sie wollen sich kein schlechtes Gewissen einreden lassen und sich nicht hinter fadenscheinigen Ausflüchten verstecken.

Die Kunst des souveränen Neinsagens gehört genauso zum harmonischen Miteinander unter uns Menschen wie die Bereitschaft zu gegenseitiger Hilfe und im Job zu kollegialer Zusammenarbeit. In diesem Buch geht es um das Nein. Machen Sie sich darin fit und staunen Sie: Sie werden keinerlei Sympathien einbüßen, sondern sogar noch an Respekt hinzugewinnen!

Warum ist es
so schwer,
nein zu sagen?

1

Das Problem mit
dem Nein

Auch Sie kennen vermutlich solche Situationen: Jemand bittet Sie um einen Gefallen, aber eigentlich möchten Sie nicht darauf eingehen. Eigentlich! Dennoch stimmen Sie zu. Sie wollen ein hilfsbereiter Mensch sein. Doch manchmal passt es einfach nicht in den eigenen Zeitplan, was andere von Ihnen erwarten. Manchmal ist Ihnen die Sache unangenehm. Manchmal bedeutet das, was Sie für andere tun sollen, Stress für Sie. Manchmal fühlen Sie sich auch ein wenig ausgenutzt in Ihrer Gutmütigkeit.

So geht es den meisten Menschen immer wieder. Wir sagen ja, wo wir nein meinen. Oder wir sagen nein, werden jedoch nicht ernst genommen und mehr oder weniger sanft unter Druck gesetzt.

Die Befürchtung, für egoistisch gehalten zu werden, kann uns dort ein Ja abringen, wo wir lieber nein gesagt hätten. Oft ist es einfacher, erst einmal zuzustimmen, als sich auf ein Wortgefecht mit Erklärungen einzulassen. Manchmal würde ein Nein die Gefühle des Fragenden verletzen. Das möchten wir nicht. Auch Mitleid mit der Person, die von uns etwas verlangt, kann dazu führen, dass wir uns auf etwas einlassen, was wir eigentlich nicht wollten. Oft ist es auch schwer, eine Ablehnung zu begründen, ohne dass es wie eine Ausrede klingt.

Nicht selten aber fehlt uns einfach nur die Geistesgegenwart, schnell genug abzuwehren, wenn andere uns mit ihren Bitten überrumpeln. Bevor wir recht verstanden haben, was man von uns will, ist das »Ja« oder »Okay« schon ausgesprochen. Anschließend das Thema noch einmal anzusprechen und die Zusage zurückzunehmen ist schwer. »Was man versprochen hat, muss man halten.« Nicht wahr?

Wenn Sie zu den Menschen gehören, die selbstbewusst nein sagen können, dann sind Sie zu beneiden. Wenn Sie jedoch zu oft gegen Ihren Willen Ja sagen oder sich »breit schlagen« lassen, dann werden Sie sich in etlichen der folgenden Beispiele wiedererkennen.

Wohlgemerkt: Es geht nicht darum, ein Egoist zu werden und sich unbeliebt zu machen. Sie wollen selbstverständlich ein hilfsbereiter Mensch sein und bleiben, auf den Freunde und Kollegen sich verlassen können. Sie wollen aber auch nicht zum willfährigen Opfer derer werden, die Sie ganz gerne für ihre eigenen Interessen einspannen. Sie wollen – zu Recht – letztlich souverän selbst die freie Entscheidung darüber haben, wo Sie ja oder nein sagen.

Seien Sie gern hilfsbereit, aber entscheiden Sie selbst über ja oder nein.

Das Ja geht Ihnen wahrscheinlich leicht über die Lippen. Das hören die anderen gern von Ihnen. Sie werden sie darin bestärken. Das Nein ist fast immer problematischer. Das wollen die anderen nicht hören oder nicht verstehen oder nicht akzeptieren. Sie versuchen, es Ihnen auszureden. Aber Neinsagen kann man lernen!

Schauen Sie sich zunächst die verschiedenen Beispiele auf den folgenden Seiten an. Überlegen Sie, ob es Ihnen manchmal ähnlich geht. Überlegen Sie, wie in den beschriebenen Beispielen ein selbstbewusstes Nein möglich gewesen wäre.

Die Nichte aus Venezuela – eine Dankespflicht

Elke Jordan sitzt genervt auf der Bettkante. Seit mehr als zwanzig Minuten hat sich ihre Nichte im Bad eingeschlossen. Wenn sie jetzt nicht bald rauskommt, wird Elke noch den Bus zur Arbeit verpassen.

Elkes Schwester Ingrid ist mit ihrem Mann vor mehr als zwanzig Jahren nach Venezuela ausgewandert. Die Familie bewohnt dort eine wunderschöne Villa mit Terrasse und Pool direkt am Meer. Neben den beiden Töchtern gehören ein Dienstmädchen, eine Köchin und ein Gärtner zum Haushalt. Es war immer schön für Elke, die sich als Sekretärin in München nur eine Zweizimmerwohnung leisten kann, ihre Urlaube bei Ingrid zu verbringen. Wie eine reiche Dame konnte sie jeden Tag am Pool liegen und sich verwöhnen lassen.

Vor fünf Wochen kam der Anruf von Ingrid: »Elke, du musst mir helfen! Unsere Jessica will als Austauschschülerin für ein halbes Jahr nach Deutschland. Kann sie bei dir wohnen? Zu Fremden möchte ich sie nicht geben. Sie ist ja erst sechzehn!«

»Nein, hätte ich sagen sollen«, seufzt Elke leise. Der Gedanke, dass sie noch Monate jeden Morgen zum Bus rennen und jeden Abend eine warme Mahlzeit auf den Tisch bringen muss, nervt bereits ausreichend. Dass die verwöhnte junge Dame auch nach mehrfacher Ermahnung nicht gelernt hat, ihre Sachen ordentlich aufzuräumen und ihr Bett selbst zu machen, ist ein täglicher Ärger.

Aber wie hätte Elke ihrer Schwester die Bitte abschlagen können? Immerhin hat sie jahrelang jeden Sommer deren Gastfreundschaft genossen.

Shopping mit der Chefin – Verabredung aus Mitleid

Edith Manthey zieht den Mantel an, um in die Stadt zu gehen. Sie hat Lust, an diesem Samstag ein wenig durch die Geschäfte zu bummeln. Was ihr jedoch nicht gefällt, ist, dass sie notgedrungen den Tag mit ihrer Chefin verbringen wird.

Frau Lachsner ist eine sehr nette Chefin mit viel Humor und Herzenswärme. Bisher hat Edith sich in ihrem Team wohl gefühlt. Als einzige Frau unter den Kollegen hatte sie auch einen besonders guten Draht zur Vorgesetzten. Seit einiger Zeit allerdings werden ihr die Versuche von Frau Lachsner, eine private Freundschaft aufzubauen, zu viel. Vor einigen Wochen lud ihre Chefin sie nach Feierabend ein, noch einen Kaffee mit ihr beim Italiener zu trinken. Schon wenige Tage später folgte die Einladung nach Hause zum Essen. Inzwischen sind die regelmäßigen Einladungen fast zur Gewohnheit geworden.

Manchmal gelingt es Edith, sich mit anderweitigen Verpflichtungen herauszureden. Einmal hat sie auch schon angedeutet, dass sie gerne Privates und Berufliches getrennt hält. Aber Frau Lachsner ignoriert solche Hinweise. Sie ist frisch getrennt von ihrem langjährigen Partner und leidet unter Einsamkeit.

»Wir sind jetzt beide Singles«, hat sie gestern zu ihrer Mitarbeiterin gesagt. »Wir müssen mal öfter was zusammen unternehmen.« Edith schließt die Haustür hinter sich ab. Sie hat überhaupt keine Lust, ihren freien Samstag mit der Chefin zu verbringen. Auf der anderen Seite tut sie ihr natürlich Leid. Einsamkeit und Liebeskummer sind schrecklich. Das weiß Edith aus eigener Erfahrung.

Das Raucherzimmer – einmalige Ausnahme

»Oh, prima, hier darf man rauchen!« Bevor Jochen Krischner etwas erwidern kann, hat die Kollegin auch schon ihre Zigaretten aus der Tasche gezogen und sich eine angezündet. Sie lässt genüsslich den Qualm durch die Nasenlöcher ziehen und trägt zur weiteren Verpestung der Luft bei.

Jochen Krischner will auf keinen Fall, dass in seinem Büro geraucht wird. Er hat lediglich heute für den Kollegen Sascha Winkel eine Ausnahme gemacht.

Sascha musste wegen einer Kundenbeschwerde zum Chef und kam anschließend völlig aufgelöst zu ihm ins Büro. Bei

Kaffee und einer Ausnahmezigarette wollte Jochen ihn wieder aufmuntern. Bis Sascha sich jedoch vollständig ausgesprochen und wieder etwas beruhigt hatte, war die als Aschenbecher missbrauchte Untertasse fast voll. Und nun kam auch noch Monika Leimer dazu und qualmte mit.

Jochen hätte am liebsten gesagt: »Nein, ich will nicht, dass hier geraucht wird!« Aber das würde die Kollegin ihm verübeln. Sie sah ja, dass Sascha offensichtlich rauchen durfte. Aber auch dem hätte Jochen am liebsten zugerufen: »Ich habe dir eine Zigarette zum Beruhigen erlaubt. Eine!«

Verärgert dachte er an den Spruch »Wenn man dem Teufel den kleinen Finger gibt, dann nimmt er gleich die ganze Hand«. Nicht nur der Teufel, auch die Kollegen! Wie kann man wieder nein sagen, wenn man erst einmal mit einem Ja dem Ärger Tür und Tor geöffnet hat?

Der hungrige Sohn – Liebe gegen Vernunft

»Du weißt, dass du ihm kein Geld geben sollst!« Herr Prake haut mit der Faust auf den Tisch. Diese hilflose Geste der Wut nutzt jetzt natürlich auch nichts mehr. Frau Prake weicht dem Blick ihres Mannes aus. Sie hat dem Sohn wieder einmal hinter Vaters Rücken fünfzig Euro zugesteckt.

Edmund ist zweiunddreißig Jahre alt, haust irgendwo in der Stadt, mal in diesem und mal in jenem Abbruchhaus. Frau Prake mag nicht glauben, dass er von den Drogen tatsächlich abhängig ist. Es stimmt zwar, dass es ihm oft nicht gut geht und er sehr mager ist. Aber das liegt an den zugigen Schlafplätzen und an der schlechten Ernährung.

Ihr Mann hat sich von der Drogenberaterin sagen lassen, die Eltern sollten ihrem Sohn »den Geldhahn zudrehen«. Vorher werde er sich kaum aufraffen und sein Leben wieder in die Hand nehmen.

Frau Prake sieht ein, dass es Edmunds verzweifelte Lage letztlich nur verlängert, wenn sie ihm regelmäßig Geld dafür gibt, sich von einem Rausch zum nächsten zu schleppen. Aber wenn er abends ans Fenster klopft, ausgehungert und verdreckt, dann kann sie einfach nicht nein sagen und ihn wegschicken. Er ist doch ihr Sohn! Immer wieder steckt sie ihm einen Schein zu und leidet dann unter ihrem schlechten Gewissen.

Der Pflegehund – nicht schlagfertig genug

»Du hast einen Hund?« Heike schaut ihre Freundin Angela überrascht an. Ein lebhafter Langhaarmischling springt an der Besucherin hoch. Angela kann den Hund nur mit Mühe daran hindern, durch die Tür zu entwischen. »Komm erst mal rein«, bittet Angela sie.

Der Hund ist von den Nachbarn. Die mussten plötzlich für ein paar Tage zur erkrankten Großmutter reisen und konnten ihn nicht mitnehmen.

»Wieso haben sie ihn nicht in eine Hundepension gegeben?«, fragt Heike. »Sie sagten, da wäre er mal vor Jahren gewesen und völlig verstört wiedergekommen.«

»Hast du ihnen nicht gesagt, dass er bei dir den ganzen Tag allein ist?« »Sie haben gemeint, er müsse nur morgens und abends zum Gassigehen raus.«

»Du hättest sagen müssen, dass du keine Haustiere halten darfst.« »Das habe ich gesagt.«

»Und?« »Sie sagten, dass Vermieter die zeitweilige Aufnahme von Haustieren gar nicht verbieten dürfen.«

»Hm.« Heike denkt einen Moment nach. Dann hat sie eine andere Idee: »Du hättest sagen sollen, dass du allergisch gegen Hundehaare bist.« »Ja, daran habe ich inzwischen auch schon gedacht.«

»Und?« »Die Nachbarn standen so plötzlich bei mir vor der Tür, dass mir das gar nicht so schnell eingefallen ist. Auf Allergie bin ich erst gekommen, als die schon wieder weg waren. Da war der Hund samt Napf und Futtervorräten für zwei Wochen bereits hier eingezogen.«

»Das geht doch nicht, dass du dir so ein Ei aufs Knie nageln lässt.« Heike schaut ihre Freundin herausfordernd an.

Sie hat ja Recht, denkt Angela. Heike wäre bestimmt auf Anhieb auf eine gute Ausrede gekommen. »Du bist viel schlagfertiger als ich«, sagt sie mit neidischer Bewunderung.

Der wichtige Kunde – das leidige Pflichtgefühl

»Ist ja toll. Dann kann ich jetzt bei den Sanders absagen, weil mein lieber Mann die Firma retten muss!« Laras Stimme klingt kriegerisch.

Ralf versucht seiner Frau zu erklären, warum er heute Abend noch unbedingt das Angebot für den Kunden in Wien schreiben und versenden muss. Der Kunde wartet nicht. Wenn der morgen früh die Zahlen nicht in seiner E-Mail hat, vergibt er den Auftrag an die Konkurrenz.

»Du bekommst nicht mal Provision dafür! Soll dein Chef dafür sorgen, dass das auch mal jemand anderes macht. Es kann doch einfach nicht sein, dass immer alle Feierabend machen, und du sitzt bis in die Nacht im Büro!« Lara ist wirklich sauer.

Sie hat ja Recht. Ralf schaut auf die Uhr. Seine Kollegen sind schon lange verschwunden. Sein Chef verlässt sich darauf, dass das Angebot heute noch fertig wird und auf den Weg kommt. »Sie sind mein zuverlässigster Mitarbeiter«, hat er erst heute gelobt. Bei der letzten Beförderung wurde allerdings Herr Brümmer bevorzugt. Der würde nie seine Freizeitaktivitäten für die Firma opfern. Auch Herr Brümmer hat schon mal gesagt: »Du lässt dich ausnutzen.« Stimmt.

Am liebsten möchte Ralf ganz einfach den PC ausschalten und nach Hause gehen. Eines Tages macht er das auch noch mal! Aber dieser Kunde ist wirklich wichtig für die Firma. Also wird er bis tief in den Abend allein im Büro sitzen und arbeiten. Der Chef wird morgen wieder loben: »Auf Sie ist Verlass.«

Das verliehene Buch – Freundschaft muss nicht alles dulden

»Leihst du mir das mal?« Kerstin hat sich bereits in die ersten Zeilen des spannenden Krimis eingelesen.

»Nein!«, möchte Heidi ihr zurufen. »Nein, das gebe ich dir nicht. Du bringst nie ausgeliehene Bücher zurück.«

Stattdessen sagt sie: »Ja, klar.«

Kerstin ist seit der Schulzeit ihre beste Freundin. Von gemeinsamen Urlauben über Liebeseuphorien bis hin zu Krisen im Job haben sie alles zusammen durchgestanden. Heidi weiß,

dass sie sich mit allen Sorgen immer an Kerstin wenden kann. Sie würde ihr jederzeit helfen.

Allerdings hat die Freundin überhaupt kein Gedächtnis für geliehene Bücher. Sie schiebt sie nach dem Auslesen einfach zwischen ihre eigenen ins Regal und vergisst sie dort. Wenn Heidi sie erinnert, beim nächsten Treff daran zu denken, dann verspricht sie das natürlich und vergisst es trotzdem. Irgendwann kommt Heidi sich selber pedantisch vor, wenn sie immer wieder erinnert: »Bringst du mir mein Buch zurück?«

»Das liest sich echt gut«, schwärmt Kerstin. Sie steckt den Krimi in ihre Handtasche. Vielleicht ist das der letzte Blick, den die Eigentümerin jemals darauf werfen wird. Wenn sie Pech hat, verleiht Kerstin das Buch sogar noch weiter! Aber man kann doch unmöglich für so ein Taschenbuch die Freundschaft trüben ... oder?

Welches sind Ihre Hürden beim Neinsagen?

Solche und ähnliche Situationen wie die hier aufgeführten kennen Sie sicherlich auch. Sie können sich in die beschriebenen Personen hineinversetzen und verstehen, was es so schwer macht, nein zu sagen.

Gehen Sie bitte noch einmal die obigen Beispiele der Reihe nach durch. Sie finden dort die häufigsten Hürden auf dem Weg zu einem mutigen Nein:

> **Dankbarkeit für selbst in Anspruch genommene Gefälligkeiten**

Elke Jordan nimmt ihre Nichte für Monate in der engen Wohnung auf, weil sie selbst zuvor in deren Elternhaus regelmäßig ihre Urlaube genossen hat. Dennoch hätte Elke nein sagen können, ohne sich undankbar fühlen zu müssen. Die Dauer des Aufenthalts, die Enge der Wohnung und die Arbeit, die sie – ohne Personal! – mit der jungen Dame hat, sind Gründe genug.

Lassen Sie nicht zu, dass Dankbarkeit und Mitleid gegen Sie ausgespielt werden.

Sie hätte ihrer Schwester die Situation schildern und einen Vorschlag machen können: Sie besorgt der Nichte eine Gastfamilie für die Zeit des Praktikums. Zusätzlich wird sie mit dem Mädchen an einigen der Wochenenden Ausflüge machen und ihr etwas von Deutschland zeigen.

> **Mitleid mit einem einsamen Menschen**

Edith Manthey fühlt sich von der Chefin bedrängt, bringt es aus Mitleid jedoch nicht übers Herz, sie »vor den Kopf zu stoßen«. Es kann aber keine echte Freundschaft entstehen, wenn eine der Parteien eigentlich lieber Distanz möchte. Es gibt auch keine moralische Verpflichtung, sich Freundschaftsbeziehungen aufdrängen zu lassen.

Jetzt läuft Edith Gefahr, dass die Chefin sich immer enger an sie hängt. Die Chefin ihrerseits hat keine Ahnung, dass Edith immer mehr unter Stress gerät, statt die Freundschaftsgefühle zu erwidern. Mit hoher Wahrscheinlichkeit kommt es demnächst zu einer sehr unerfreulichen Szene. Irgendein nichtiger Anlass kann dann dazu führen, dass der genervten Edith herausrutscht, was sie wirklich fühlt.

Edith sollte unbedingt bald mit der Chefin taktvoll, aber deutlich reden. Die Botschaft könnte sein: »Ich mag Sie gerne als meine Vorgesetzte. Im Büro und gelegentlich auch mal nach Feierabend trinke ich gerne mit Ihnen einen Kaffee und wir plaudern gemütlich. Ich möchte aber grundsätzlich berufliche Beziehungen und private Freundschaften getrennt halten.«

> **Wenn man einmal ja gesagt hat, ist es unangenehm, plötzlich nein zu sagen**

Jochen Krischner hat dem niedergeschlagenen Kollegen das Rauchen ausnahmsweise in seinem Büro erlaubt. Er hat nicht geahnt, was aus der Zustimmung werden kann. Er möchte natürlich nicht launisch wirken, wenn er jetzt plötzlich die Erlaubnis wieder zurücknimmt.

Ähnliche Situationen kennen Sie vermutlich auch, wenn zum Beispiel der Beifahrer im Auto oder der Besucher im Wohnzimmer fragt: »Darf ich eine rauchen?« Sie sagen ja. Allerdings raucht der Frager dann nicht eine Zigarette, sondern ab der Erlaubnis nach eigenem Belieben jede Menge.

Genauso ist es mit der Frage Ihrer Kollegin, ob Sie ihr morgens ein Brötchen vom Bäcker mitbringen. Nein sagen ist irgendwie unkollegial. Aber wenn Sie nicht irgendwann die Bremse ziehen, machen Sie der Kollegin jeden Tag die Ein-

Ziehen Sie sofort die Not-bremse, wenn man Ihre Freund-lichkeit ausnutzt! käufe: Brötchen, Zeitung ... Wenn Sie großes Pech haben, müssen Sie womög-lich dann noch peinliche Diskussionen führen, um Ihr Geld zu bekommen!

Wenn Sie ähnliche Beispiele aus Ihrem Leben kennen, dann sollten Sie sich einmal kritisch fragen: »Wieso bin ich so zart-fühlend, meine Zustimmung nicht revidieren zu mögen? Wieso sind die anderen so dickfellig, dass sie gar nicht merken, wie begrenzt meine Zustimmung gemeint war, und dass sie mich inzwischen schamlos ausnutzen?«

Auch Jochen sollte hier die Notbremse ziehen und ganz ein-fach sagen: »Das mit der Zigarette war nur eine Ausnahme zum Abreagieren. Lasst uns zusammen in den Pausenraum gehen und noch etwas reden. So lange kann ich hier die Fenster zum Lüften öffnen.« Dann ist die Botschaft an die Kollegen klar.

➤ Man bringt ein Nein aus Liebe nicht übers Herz

In die Not von Frau Prake können Sie sich sicherlich einfüh-len. Wie soll eine Mutter es schaffen, ihren hungrigen Sohn ohne Geld wegzuschicken? Und dennoch muss es sein. Sie muss begreifen, dass sie ihm mit jeder neuen Geldgabe tiefer in sein Unglück reißt. Ihr hilft wirklich nur die Härte gegen sich selbst und gegen ihren Sohn, indem sie nein zu ihm sagt.

Sie kann sich jene Mütter zum Vorbild nehmen, denen eben-falls das Herz bricht, wenn sie ihren Kindern zu deren Bestem etwas verweigern oder zumuten müssen: Die eine Mutter darf vielleicht ihrem weinenden Kind bestimmte Lebensmittel nicht geben, weil es die nicht verträgt. Die andere leidet, weil ihr Kind schmerzhafte Krankenbehandlungen über sich ergehen lassen muss.

So bleibt auch Frau Prake nichts anderes übrig, als gegen sich selbst und gegen ihren Sohn hart beim Nein zu bleiben, wenn sie sich nicht später heftigste Vorwürfe machen will.

➤ Man kommt nicht gegen die Überredungskünste anderer an

Angela hat gegen ihren Willen den Hund der Nachbarn in Pflege. Sie hat zwar versucht, sich gegen die Aufgabe zu wehren, konnte sich jedoch nicht gegen die schlagfertige Nachbarin durchsetzen.

Ihr Fehler war, dass sie sich überhaupt gerechtfertigt hat! Die Nachbarin hat sich ganz sicher bereits vorab durch den Kopf gehen lassen, mit welchen Argumenten sie rechnen musste. Entsprechend war sie gewappnet. Kein Wunder, dass die völlig überraschte Angela in dem rhetorischen Schlagabtausch nicht mithalten konnte.

Sie hätte notfalls eine halbe Stunde später mit Hund und Futterdosen ihrerseits bei der Nachbarin auftauchen können: »Tut mir Leid, ich war vorhin zu überrascht. Ich kann leider den Hund nicht nehmen.« »Warum denn nicht?« »Ich habe etwas anderes vor.« »Was denn?« An dieser Stelle darf Angela sagen: »Dazu möchte ich wirklich keine Erklärungen abgeben.«

Allerdings sollte man ja doch den Nachbarn in einer Notsituation aushelfen. Angela könnte deshalb anbieten: »Ich nehme den Hund für drei Tage gerne in Pflege. Länger geht es bei mir jedoch nicht.«

➤ Pflichtgefühl

Es ist richtig, wenn Ralf engagiert dafür arbeitet, dass durch neue Kundenaufträge sein Arbeitgeber am Markt Erfolg hat. Das sichert nicht zuletzt auch seinen eigenen Arbeitsplatz.

Dennoch darf er sich nicht so ausnutzen lassen. Es kann nicht sein, dass sich Chef und Kollegen auf seine Gutmütigkeit verlassen! Die sind mindestens so wie er in der Pflicht, für die Firma zu arbeiten.

Bei Ralf zeichnet sich neben dem Pflichtgefühl noch ein mögliches weiteres Problem mit dem berechtigten und längst notwendigen Nein ab: Ralf wird für seine Aufopferung vom Chef gelobt. Natürlich kennen auch Sie das Wohlgefühl, wenn man Sie lobt. Vorsicht! Dahinter kann bewusste oder intuitive Taktik stecken!

Der Chef weiß inzwischen, wie sehr Ralf sich über Lob freut. Das nutzt er vielleicht schon gezielt aus. Wenn Ralf sich nicht dauerhaft zum Dienstboten machen lassen will, dann muss er die Gefahr der »Sucht nach Lob und Liebe« bannen. Er muss es aushalten, dass eines Tages der Chef zu ihm sagt: »Was, Sie sind auch in den Feierabend gegangen wie die anderen? Von Ihnen hätte ich mehr erwartet.«

Keine Bange. Der Chef mag zunächst sauer wirken. Auf die Dauer wird er Ralf jedoch mehr respektieren.

➤ Missstimmung in der Freundschaft

Vor allem bei guten Freunden oder auch bei Verwandten fällt es oft schwer, nein zu sagen. Heidi möchte durch ihre Verweigerung des Buches keinen Schatten auf die Freundschaft mit Kerstin werfen.

Das wird auch gar nicht passieren. Eine echte Freundschaft hält auch die Schwächen des anderen aus. Aber es muss im Gleichgewicht sein! Bisher hält Heidi zu einseitig die Schwäche von Kerstin im Umgang mit geliehenen Büchern aus. Es wird Zeit, dass sie einmal offen ausspricht: »Ich mag mich nicht von meinen Büchern trennen. Vielleicht ist das eine Macke von mir.« Notfalls kann sie auch noch an die Bücher erinnern, die sie gar nicht oder erst nach mehreren Erinnerungen wiederbekommen hat.

Nein sagen kann man lernen und es ist auch notwendig, dass Sie diese Kunst beherrschen. Dabei geht es nicht darum, ein unangenehmer Zeitgenosse zu werden und anderen eine mögliche Hilfe zu verweigern. Es geht darum, dass Sie im Einzelfall souverän entscheiden können, wo Sie ja sagen wollen oder eben nicht. Wo Sie eine Bitte ablehnen oder eine Zustimmung verweigern wollen, da brauchen Sie das notwendige Rüstzeug für ein selbstbewusstes Nein.

Sie brauchen:

➤ die richtige innere Einstellung zu Ihrem Recht auf ein Nein;
➤ Techniken für das überzeugende Aussprechen einer Absage an andere;
➤ Techniken für den Notfall, wenn Sie ein voreiliges Ja zurücknehmen wollen;
➤ Übung in der erfolgreichen Abwehr von ungerechtfertigten Zumutungen.

All dies werden Sie in diesem Buch bekommen!

Was Sie jetzt für sich tun können:

Lassen Sie sich ein paar Tage Zeit mit der folgenden Übung. Lesen Sie erst danach in diesem Buch weiter. Nehmen Sie einen Zettel und notieren Sie im Laufe der nächsten Tage fünf bis zehn Beispiele aus Ihrem Alltag, wo Sie leider ja statt nein gesagt haben.

Denken Sie darüber nach, wie es dazu gekommen ist. Welche Hürde stand zwischen Ihnen und dem, was Sie lieber gesagt hätten statt ja? War es Pflichtgefühl oder Mitleid, zu viel Liebe oder die Sehnsucht nach Lob? Oder wussten Sie ganz einfach nicht, wie Sie sich herausreden sollten?

Wenn Sie Ihre Beispiele gesammelt und analysiert haben, dann gehen Sie sie noch einmal in Ruhe durch und formulieren Sie in Stichworten, was Ihnen das Recht oder sogar die Pflicht gegeben hätte, in der jeweiligen Situation nein zu sagen.

So bleiben Sie beliebt, auch wenn Sie einmal nein sagen

Oft fällt es schwer, anderen eine Bitte abzuschlagen, weil man fürchtet, sich damit unbeliebt machen zu können. Auch Sie möchten nicht lieblos und egoistisch wirken. Vermutlich kennen Sie die Zeitgenossen, die ihre Bitten **Lassen Sie sich nicht von** gleich mit der subtilen Botschaft verbin- **Schmeichelei manipulieren.** den, dass sie einen natürlich nur noch dann wirklich nett finden, wenn man ja zu ihren Wünschen sagt. Das kann sich dann so anhören:

»Ich brauche deine Hilfe. Lass mich jetzt nicht im Stich.«

»Sie können doch auch nicht wollen, dass unser Team in Probleme kommt. Deshalb ...«

»Ich weiß, dass auf dich Verlass ist. Deshalb bitte ich ja auch dich und keinen anderen.«

»Du bist mein bester Freund. Jetzt brauche ich ...«

Solche Botschaften hören sich zunächst schmeichelhaft an. Aber sie tragen in sich sehr wohl die versteckte Drohung »Tu, was ich will, oder ich hab dich nicht mehr lieb!«.

Wenn man eine solche Bitte abschlägt, hört sich der zweite Versuch oft so an:

»Ich hätte nicht gedacht, dass du mich im Stich lassen würdest. Da habe ich mich wohl in dir getäuscht.«

»Von Ihnen hätte ich mehr an Teamgeist erwartet. Schade.«

»Du bist genau wie die anderen. Auf dich kann man sich auch nicht verlassen.«

»Ach so, das verstehst du also unter Freundschaft. Dann weiß ich ja jetzt Bescheid.«

Kennen Sie die dadurch ausgelösten Gewissensbisse? Ist es Ihnen auch schon passiert, dass Sie letztlich doch noch schwach geworden sind und schließlich ja gesagt haben? War es dann auch erst einmal schön, wenn der andere Sie sofort wieder in sein Herz schloss?

»Ich wusste, dass du mich nicht im Stich lässt. Danke, danke, danke.«

»Ich hab nichts anderes erwartet. Sie würden doch das Team nicht in Schwierigkeiten bringen!«

»Ich habe immer gewusst, dass du nicht wie die anderen bist. Du bist verlässlich.«

»Du bist mein bester Freund. Das wusste ich doch.«

Spüren Sie die Manipulation hinter solchen Sprüchen? Der andere will etwas und bringt das gleich mit einer subtilen Drohung vor. Wenn man dann nicht wunschgemäß funktioniert, folgt ein zweiter Versuch mit verstecktem Hinweis darauf, dass man ja wohl doch nicht so nett ist wie erwartet. Wenn man aus Angst vor Sympathieverlust schnell das Nein revidiert, kommt postwendend die »Belohnung«: »Du bist eben doch ein netter Mensch. Ich hab dich wieder lieb.«

Wenn Sie erst einmal das souveräne Nein beherrschen, werden Sie sich nie wieder mit solchen falschen Schmeicheleien und subtilen Androhungen von Liebesentzug unter Druck setzen lassen.

Ihre Gefälligkeit macht Sie gar nicht beliebt. Im Moment sind die Leute, denen man ja gesagt hat, zwar nett und dankbar. Aber sie vergessen auch schnell, was man für sie getan hat. Außerdem werden sie beim nächsten Anlass mit der gleichen Beharrlichkeit wieder subtil drohen: »Tu, was ich will, oder du bist nicht mehr mein Freund, nicht teamorientiert, zu egoistisch, unzuverlässig oder sonst wie ganz mies.«

Ihre Beliebtheit hängt nicht von stetiger Gefälligkeit ab.

Sie haben es gar nicht nötig, sich durch Gefälligkeiten und Willfährigkeit beliebt zu machen. Das können Sie auch anders.

➤ **Befolgen Sie die zehn Gebote für Sympathie und Beliebtheit**

1. *Seien Sie freundlich und höflich*
Lächeln Sie. Grüßen Sie freundlich und nehmen Sie taktvoll Rücksicht auf die Gefühle anderer.

2. *Zeigen Sie Interesse an anderen*
Fragen Sie nach Hobbys, Urlaub, Familie und Erlebnissen. Merken Sie sich die Namen der Kinder Ihrer Kollegen. Hören Sie interessiert zu, wenn andere erzählen.

3. *Seien Sie hilfsbereit*
Packen Sie mit an, wenn Kollegen zu viel zu tun haben. Geben Sie Tipps, wenn Sie sich besser auskennen. Bringen Sie der kranken Nachbarin die Einkäufe ins Haus.
Aber: Versuchen Sie niemals, andere in eine Dankbarkeitsverpflichtung Ihnen gegenüber zu bringen. Drängen Sie anderen auch niemals ungebeten Ihre Hilfe auf. Das könnte als dominante Einmischerei aufgefasst werden. Und helfen Sie nicht zum wiederholten Mal denen, die sich bereits auf Ihre Kosten ein bequemes Leben machen.

4. *Nehmen Sie Hilfe an*
Lassen Sie sich bei der Arbeit helfen. Fragen Sie andere um Rat. Bitten Sie in Notsituationen um Unterstützung. Lassen Sie zum Renovieren Freunde und Kollegen kommen.
Aber: Lassen Sie sich in keine Dankbarkeitsverpflichtung drängen. Andere helfen Ihnen aus freiem Willen. Ein kleines »Danke« muss reichen. Setzen Sie andere jedoch niemals

unter Druck, Ihnen helfen zu müssen. Akzeptieren Sie deren Nein auch ohne Rechtfertigungsdiskussionen. Und schieben Sie nicht aus Bequemlichkeit anderen die Arbeiten hin, auf die Sie keine Lust haben.

5. *Seien Sie stets perfekt zuverlässig*
Halten Sie Termine ein. Bringen Sie Geliehenes überpünktlich zurück. Schweigen Sie eisern über vertrauliche Informationen. Halten Sie sich an Zusagen und Vereinbarungen. Erledigen Sie die Aufgaben, die Ihr Chef Ihnen aufträgt, perfekt zu seiner Zufriedenheit.

6. *Seien Sie großzügig*
Rechnen Sie nicht kleinlich aus, was andere Ihnen an Briefmarken, Benzin- oder Telefongeld schulden. Lassen Sie nicht auf die Minute genau Ihre Arbeit fallen, wenn die Uhr Feierabend zeigt. Vergeben Sie Aufgeregten, die sich im Streit mal in Wortwahl oder Ton vergreifen.

7. *Seien Sie aufmerksam*
Denken Sie an Geburtstage und besondere Ereignisse im Leben anderer. Erkundigen Sie sich, ob es mit dem Führerschein des Sohnes geklappt hat. Fragen Sie den erkrankten Nachbarn, ob Sie etwas für ihn tun können. Loben Sie die Kollegin für ihren tollen Auftritt beim Vortrag.

8. *Trösten und ermutigen Sie*
Hören Sie sich den Ärger oder das Leid anderer geduldig an. Machen Sie bei Niederlagen neuen Mut. Lassen Sie andere sich bei Ihnen ausweinen. Und zeigen Sie ihnen danach neue Lichtblicke auf.

9. *Seien Sie positiv*

Verbreiten Sie eine optimistische Stimmung. Sehen Sie auch bei Schwierigkeiten immer die Chancen, sie zu überwinden oder zumindest daraus zu lernen. Tragen Sie bewusst zur guten Laune in der Familie, im Kollegenkreis und bei Freunden bei.

10. *Steigern Sie das Selbstwertgefühl anderer*

Gratulieren Sie Ihrem Chef für sein Erfolgsprojekt. Sagen Sie der Kollegin, dass Sie ihr Management als Karrierefrau und Mutter bewundern. Lassen Sie sich vom begeisterten Nachbarn die selbst renovierte Wohnung vorführen. Achten Sie bewusst auf die liebenswürdigen Seiten, die Stärken und Erfolge Ihrer Mitmenschen. Zeigen Sie ihnen, dass Sie es bemerken.

Wenn Sie sich an diese Gebote halten, können Sie Ihre Beliebtheit gar nicht verhindern. Wenn Sie beliebt sind, werden andere nicht so leicht auf die Idee kommen, Ihnen mit Liebesentzug zu drohen, wenn Sie einmal eine Bitte abschlagen. Beliebten Menschen glaubt man, dass sie nicht aus Egoismus nein sagen, sondern aus triftigen Gründen.

Was Sie jetzt für sich tun können:

Schreiben Sie die Namen der Personen auf, denen gegenüber Ihnen das Nein noch schwer fällt. Dabei kann es sich um Freunde, Familienangehörige, Verwandte, Kollegen oder auch um den Chef handeln. Wer sind die Menschen, denen Sie nach Ihrem Gefühl zu oft nachgeben, von denen Sie »sich breitschlagen«, »herumkriegen« oder »weichklopfen« lassen?

Überlegen Sie jetzt bei jedem Namen, wie Sie ab sofort gezielt daran arbeiten können, Sympathien zu gewinnen. Orientieren Sie sich dazu an den genannten zehn Geboten. Sie buhlen bitte nicht um die Zuneigung der betreffenden Personen, sondern zeigen sich als netter Mensch, der es gar nicht nötig hat, stets gefällig zu sein.

Sie dürfen ein Ja zurücknehmen und doch noch nein sagen!

2

Sie müssen nicht immer zu Ihrem Wort stehen

Sie haben sicherlich auch schon als Kind gelernt, dass Sie Ihre Versprechen einhalten und zu Ihren gegebenen Worten stehen müssen. Im Grundsatz ist das auch richtig. Wie soll das Zusammenleben zwischen Menschen funktionieren, wenn man sich nicht mehr auf das verlassen kann, was jemand zusagt?

Auf der anderen Seite ist es oft so, dass die Menschen, die sich schwer tun, nein zu sagen, an sich selbst sehr viel höhere moralische Maßstäbe anlegen als die lieben Mitmenschen, die das ausnutzen.

Wahrscheinlich kennen Sie aus eigener Erfahrung die Hartnäckigkeit, mit der jemand Sie bearbeitet, endlich ja zu etwas **Sie sind niemals an** zu sagen, wo Sie lieber nein sagen möch**ein Wort gebunden, das Sie** ten. Appelle, Wortgefechte, Schmeiche**gar nicht in freier Ent-** leien und unterschwellige Drohungen mit **scheidung gegeben haben.** Sympathieentzug werden angewendet, um Sie am Nein zu hindern oder um Sie zu veranlassen, ein ausgesprochenes Nein wieder zurückzunehmen.

Wenn man Sie endlich »weichgeklopft«, »rumgekriegt«, »breitgeschlagen« oder »mundtot gemacht« hat, dann geht die andere Person mit Ihrer Zusage davon und kann sich sogar darauf verlassen, dass Sie sich nun aus Gründen des Anstands gebunden fühlen.

Das ist genau das Problem, das die Netten und Anständigen zu den Opfern der Dreisten und Egoisten macht!

Anstatt dass die andere Person ein schlechtes Gewissen hat, Ihnen gegen Ihren Willen ein Ja abgerungen zu haben, leiden Sie unter der Gewissensnot: »Was ich versprochen habe, muss ich jetzt leider auch halten.« Es ist Ihnen hoch anzurechnen, dass Sie moralische Verpflichtungen ernster nehmen als andere. Dennoch sollten Sie sich nicht zum Opfer der Dreisten, Aufdringlichen und Hartnäckigen machen lassen.

Sie sind nicht an Ihr Wort gebunden, wenn ...

➤ ... Sie überrumpelt wurden mit einer Bitte, sodass Sie gar nicht ausreichend Zeit zum Überdenken der Konsequenzen hatten.
Beispiel: Die Kollegin verschwindet aus dem Büro mit den Worten »Bleibst du heute mittag da? Ich muss noch in die Stadt.« Weg ist sie.

➤ ... Druck auf Sie ausgeübt wurde als versteckte Drohung oder gar Erpressung.
Beispiele: Der Projektleiter sagt: »Sie müssen am Samstag in die Werkstatt kommen. Sie können doch nicht das Team im Stich lassen.« Die Schwiegermutter droht: »Wenn ihr mich nicht in den Urlaub mitnehmt, dann rege ich mich auf. Wenn ich einen Herzinfarkt bekomme, ist es eure Schuld.«

➤ ... Ihnen wichtige Fakten vorenthalten wurden, die Sie zu einer anderen Entscheidung gebracht hätten.
Beispiel: Die Cousine bittet Sie, ihr den Wagen zu leihen, weil ihrer leider zur Reparatur muss. Erst nachträglich erfahren Sie, dass die Cousine den Wagen ihrem Sohn für einen Ausflug mit seinen Freunden zur Verfügung stellen will.

➤ ... Sie versucht haben, nein zu sagen, dann aber einem Wortwechsel ausgesetzt wurden, dem Sie nicht gewachsen waren.
Beispiel: »Können Sie am Wochenende unsere Katze nehmen?« »Nein, das passt mir dieses Wochenende gar nicht.« »Warum nicht?« »Ich erwarte Besuch.« »Das macht nichts. Unsere Minka liebt viele Menschen um sich herum.« »Aber wir wollen zusammen einen Ausflug machen.« »Kein Problem. Ich geben Ihnen Dauerfutter mit.« »Aber mein Onkel hat eine Katzenphobie.« »Ach, der bekommt sie gar nicht zu

Gesicht. Vor fremden Männern versteckt unsere Minka sich sofort.«

Kennen Sie das Spielchen? Aus purer Erschöpfung und weil Ihnen nichts mehr an Ausreden einfällt, sagen Sie schließlich ja. Hinterher könnten Sie sich ins Knie beißen bei dem Gedanken, wieder einmal überrumpelt worden zu sein!

Bitte machen Sie sich zunächst innerlich selbst von der Verpflichtung frei, grundsätzlich immer zu Ihrem Wort stehen zu müssen. Das müssen Sie aus Anstand nur dann, wenn Sie Ihr Wort wirklich aus freien Stücken gegeben haben und dabei über alle notwendigen Tatsachen informiert waren.

Machen Sie sich bitte bewusst: Die Menschen, die Sie um etwas bitten und dann ein Nein nicht akzeptieren, haben die Bitte nie als Bitte gemeint. Es handelte sich in Wirklichkeit um einen als Bitte getarnten Befehl!

Niemand hat das Recht, Sie mit als Bitten getarnten Befehlen unter Druck zu setzen.

Das brauchen Sie sich nicht bieten zu lassen. Unter solchen Umständen sind Sie auf keinen Fall an Ihr Wort gebunden! Machen Sie das im ersten Schritt Ihrem eigenen Gewissen klar. Anschließend lernen Sie, wie Sie das auch jenen Menschen klarmachen, die bisher solche Spielchen mit Ihnen spielten.

Die sieben besten Gründe für Ihr nachträgliches Nein

Sie brauchen sich nicht im Nachhinein zu ärgern, eine Zusage gemacht zu haben, wenn Sie lieber nein gesagt hätten. Nehmen Sie Ihre Zusage zurück und sagen Sie nachträglich nein. Jeder einzelne der folgenden sieben Gründe berechtigt Sie dazu.

Die sieben Gründe:

1. Sie wurden mit der Bitte oder dem Anliegen überrascht.
2. Sie schaffen es nicht mehr, das Zugesagte zu erfüllen.
3. Die Situation hat sich geändert.
4. Sie stehen durch neue Erkenntnisse nicht mehr zum Ja.
5. Sie haben sich in die Enge getrieben gefühlt.
6. Sie haben bei der Zusage die Konsequenzen nicht vollständig übersehen.
7. Die andere Person hält sich nicht an das, wofür sie ihrerseits zuständig ist.

Bitte schauen Sie sich dazu einige Beispiele an:

Zu 1.: Bärbel denkt mit flauem Gefühl an den Urlaub. Sie will mit ihrem Mann ins Ferienhaus nach Dänemark. Leider hat sie am Kaffeetisch bei der Cousine davon geschwärmt und dabei erwähnt, dass das Haus drei Schlafzimmer hat. Die Cousine hat sofort eingehakt: »Da können Harry und ich doch mitfahren!« Spontan war Bärbel selbst von der Idee angetan. Erst im Nachhinein wird ihr klar, dass sie keine Lust hat, den ganzen Urlaub in dieser Nähe mit den Verwandten zu verbringen. Sie ruft die Cousine an: »Hanne, es tut mir Leid, dir für Dänemark absagen zu müssen. Das kam im Gespräch alles so plötzlich auf den Tisch, aber ich möchte doch lieber diesen Urlaub ganz allein mit meinem Mann verbringen.«

Zu 2.: Christian Stammer schaltet den PC aus. Seine Frau und die Kinder schlafen längst. Er hat seinem Freund Michael versprochen, sich einmal dessen Steuererklärung vorzunehmen. Michael hat einen freiberuflichen Nebenjob, hohe Werbungskosten, gerade ein Haus gebaut und eine Immobilie als Investitionsanlage erworben. Dazu kommen Sonderaufwendungen für seine kranke Tochter und die Kosten für Sturmschäden an seinem Geschäftswagen. Wenn es eine komplizierte Steuererklärung gibt, dann ist es die von Michael. Das »geistige Ringen mit dem Finanzamt« macht Christian normalerweise Spaß. Aber nun ist Schluss. Drei Abende hat er bis Mitternacht daran gesessen, und ein Ende ist nicht in Sicht. Er hat seinem Freund eine Mail geschickt: »Sorry, Michael, aber nach drei Nächten über deiner Steuer streiche ich die Segel. Ich schicke dir die bisherigen Ergebnisse morgen zu. Mehr schaffe ich nicht.«

Zu 3.: Die Sekretärinnen Frau Wagner und Frau Kansy müssen sich so arrangieren, dass jeden Morgen ab acht Uhr und jeden Abend bis achtzehn Uhr das Büro besetzt ist. Bisher kam Frau Wagner immer um acht. Das war auch Frau Kansy lieber. Durch eine berufliche Veränderung von Herrn Wagner kann seine Frau nicht mehr jeden Morgen so früh aus dem Haus. Sie spricht die Kollegin an: »Weil mein Mann jetzt zu anderen Zeiten aus dem Haus geht, muss ich jetzt öfter morgens erst die Kinder zur Tagesmutter bringen. Ich wechsele mich ja schon mit der Nachbarin ab, aber in Zukunft muss ich leider auch regelmäßig den Spätdienst übernehmen. Wie können wir uns das nun einteilen?«

Zu 4.: Susanne Helbig hat bisher der Nachbarin den Transport ihrer Kinder zum Kindergarten abgenommen. Sie kam ohnehin auf dem Weg zur Arbeit dort vorbei. Inzwischen sind die beiden Kleinen jedoch so lebhaft und ungebärdig geworden, dass sie oft nicht zu bändigen sind. Nach einem Beinahe-Unfall, als der Junge beim Aussteigen einfach über den Fahrradstreifen rannte, ist für Susanne Schluss. Sie wird der jungen Mutter sagen: »Ich möchte die Kinder in Zukunft nicht mehr fahren. Ich habe es gerne gemacht, aber jetzt ist mir die Verantwortung einfach zu groß. Diese Woche mache ich es noch, aber danach müssen Sie sich bitte eine andere Lösung suchen.«

Zu 5.: Torsten Zabel ruft seinen Bruder Olaf an: »Olaf, ich habe dir den Kredit für dein neues Auto zwar versprochen, aber ich werde leider wortbrüchig. Du hast mich in Gegenwart von Mutter gefragt und dabei deine Geldprobleme ausgebreitet. Ich fühlte mich davon unter Druck gesetzt und habe wegen Mutter erst mal zugesagt. Tut mir Leid, dass du nun doch schauen musst, ob dir die Bank noch mal hilft.«

Zu 6.: Heinz wird den Sangesbruder Siegfried an diesem Freitag noch wie gewohnt von zu Hause abholen und zur Chorprobe mitnehmen. Aber danach muss eine andere Lösung her. Als Siegfried wegen seiner Augenprobleme den Führerschein abgeben musste, hatte Heinz spontan zugesagt: »Klar kannst du in Zukunft mit mir zur Probe fahren.« Aber nun, nach fast einem halben Jahr, ist es doch zu lästig. Zweimal in der Woche ist Probe. Allein könnte Heinz oft schnell von der Arbeit hinfahren. Nach der Probe ist er früher oft noch auf ein Bier mit einigen anderen in die Kneipe gegangen. Durch die Fahrerei für Siegfried ist ihm die Mitgliedschaft im Chor schon fast zur lästigen Pflicht geworden.

Er wird ihm heute sagen: »Siegfried, du musst das Thema heute mal bei den anderen ansprechen. Wenn ich der Einzige bin, der dich immer fährt, dann ist das für mich mehr Aufwand, als ich dachte. Klar fahre ich dich hin und wieder gerne. Aber immer geht das nicht mehr. Frag heute in der Pause mal, wer sich auch noch daran beteiligen wird.«

Zu 7.: Karin Dombusch legt der Kollegin die Tüte vom Bäcker auf den Schreibtisch. Dass sie innerlich vor Aufregung zittert, merkt Lara Tonnia hoffentlich nicht. Sie hat sich endlos lange überlegt, wie sie es sagen will: »Frau Tonnia, ich habe Ihnen heute noch mal ein Teilchen vom Bäcker mitgebracht. In Zukunft möchte ich das nicht mehr tun. Sie haben nie Kleingeld, um mir das sofort zu bezahlen. Jetzt sind es auch schon wieder fünf Euro achtzig seit vorgestern. Ich fühle mich wie eine pedantische Bittstellerin, wenn ich immer daran erinnern muss.« Als es heraus ist, macht sie schnell den Mund zu. Sie ist erleichtert, es endlich gesagt zu haben.

Vielleicht denken Sie jetzt: »Gut und schön, aber so leicht lassen sich die anderen doch nicht abspeisen. Die werden das doch nicht so einfach akzeptieren. Was soll man sagen, wenn die dann doch wieder Druck machen?«

Sie haben Recht. Das nachträgliche Nein löst leider oft sofort Protest aus: »Das kannst du nicht machen!« »Du hast es versprochen!« »Erst sagst du ja, jetzt sagst du plötzlich nein. Du weißt doch gar nicht, was du willst!« »Das ist doch kein Grund, dein Versprechen zu brechen!« »Ich habe mich auf dich verlassen. Das geht jetzt nicht mehr anders!« »Was soll ich denn jetzt ohne deine Hilfe tun?« Und so weiter und so weiter.

Sie haben völlig Recht. Mit hoher Wahrscheinlichkeit werden die anderen versuchen, das nachträgliche Nein abzuwehren und Sie auf Ihre erste Zusage festzunageln. Dafür ist es ganz wichtig, dass Sie die Stärke zeigen, selbstbewusst bei Ihrer Absage zu bleiben und dafür notfalls auch die negativen Gefühle der anderen Seite zu ertragen. Sie sollten nicht versuchen, wortreich dafür zu werben, dass der andere Ihren Standpunkt einsieht und Ihnen sagt: »Das macht doch nichts. Ich kann dich verstehen.« Das ist **Akzeptieren Sie negative Gefühle anderer.** vielleicht später einmal möglich. Im Moment will der andere nur, dass Sie doch wieder klein beigeben. Da hilft nur eines – selbstbewusst beim Nein bleiben:

»Es tut mir Leid. Aber dabei bleibt es jetzt.«

»Ich verstehe Ihre Enttäuschung. Dennoch bleibe ich dabei.«

Und dann sollten Sie das Gespräch schnell beenden. Geben Sie dem anderen Zeit, sich zu beruhigen und mit der veränderten Situation fertig zu werden.

Was Sie jetzt für sich tun können:

Nehmen Sie ein Beispiel aus Ihrem Leben, bei dem Sie gerne ein gegebenes Wort zurücknehmen und durch ein nachträgliches Nein ersetzen würden.

Als Nächstes suchen Sie sich aus Ihrem Bekanntenkreis eine Person heraus, die Sie als selbstbewusst erlebt haben.

Gehen Sie in Gedanken durch, wie diese Person mit einer solchen Situation umgehen würde. Was würde die Person sagen? Wie würde sie in Gegenwehr kontern?

Probieren Sie Ihren konkreten Fall gedanklich mit weiteren selbstbewussten Personen aus. Sagen Sie nicht: »Das könnte ich nie! Die/Der ist ein ganz anderer Typ als ich!« Darum geht es gar nicht. Sinn dieser Übung ist, dass Sie zusätzlich zu Ihrem bisherigen Verhaltensrepertoire intensiv – zumindest gedanklich – auch solche einüben, mit denen andere Zeitgenossen vergleichbare Situationen gut meistern. Lassen Sie deshalb mindestens fünfmal vor Ihrem inneren Auge abrollen, wie die andere Person es machen würde: »Ich nehme mein Wort zurück und sage doch noch nein.«

Entscheiden Sie sich noch einmal bewusst für ja oder nein

Wenn es Ihnen passiert ist, dass Sie voreilig oder unter Druck oder aus anderen Gründen ja gesagt haben, wo Ihnen das Nein **Sie haben immer das Recht,** lieber gewesen wäre, dann betrachten Sie **eine unkluge Zusage zurückzu-** die Sache bitte noch einmal gründlich. **nehmen.** Entscheiden Sie danach, ob Sie jetzt doch bei der Zusage bleiben oder nicht.

1. Wie kamen Sie überhaupt in die Situation?
➤ Wie wurden Sie gefragt oder gedrängt?
➤ Wie haben Sie sich gefühlt, als Sie ja sagen sollten?
➤ Welche Fakten und Konsequenzen waren Ihnen zu jenem Zeitpunkt bekannt?
➤ Hatten Sie beim Jasagen schon das Gefühl, lieber nein sagen oder es sich noch mal überlegen zu wollen?

2. Wie hätte der andere auf ein Nein von Ihnen reagiert?
➤ War dem anderen bewusst, dass Sie sich bei seiner Überzeugungsarbeit nicht wohl gefühlt haben?
➤ War dem anderen bewusst, dass Ihnen nicht alle Fakten und Konsequenzen bekannt waren?

➤ Hat der andere Einwände und Ausflüchte von Ihnen akzeptiert oder hat er sie niedergeredet?

➤ Hat der andere Ihnen eine faire Chance gegeben, sich die Sache durch den Kopf gehen zu lassen?

➤ Welche Probleme hätte der andere Ihnen vermutlich gemacht, wären Sie hart beim Nein geblieben?

3. Wie ist Ihr Verhältnis bisher zu der anderen Person?

➤ Handelt es sich um Ihren Chef, Ihren Vermieter, Ihre Schwiegermutter oder eine andere Person, die sich Ihnen gegenüber in einer Machtposition fühlt?

➤ Mutet diese Person Ihnen in anderen Zusammenhängen auch Dinge zu, die Sie nicht möchten?

➤ Ist diese Person Ihnen gegenüber vergleichbar gefällig wie Sie ihr gegenüber?

➤ Würden Sie es auch wagen, der anderen Person unter Druck gegen deren Willen ein Ja abzuringen, wo sie lieber nein sagen würde?

➤ Ist der anderen Person eigentlich bekannt, wie Sie sich jetzt mit der Zusage fühlen?

4. Was hält Sie jetzt noch davon ab, nachträglich nein zu sagen?

➤ Fürchten Sie rhetorische Gefechte und die überlegene Schlagfertigkeit der anderen Seite?

➤ Fühlen Sie sich moralisch verpflichtet, das zu tun, was Sie nun einmal versprochen haben?

Wer heute erfolgreich Druck auf Sie ausübt, wird Sie morgen wieder unterdrücken.

➤ Kommen Sie sich dumm dabei vor, erst ja und dann nein zu sagen?

➤ Wissen Sie einfach nicht, wie Sie es formulieren sollen?

➤ Haben Sie Mitleid mit der anderen Person?

➤ Spielt die andere Person bewusst Ihr gutes Herz gegen Ihren Verstand aus?

➤ Kann die Person Ihnen tatsächlich schaden? Wie schlimm im schlimmsten Fall?

5. Wie wird sich das Verhältnis in Zukunft entwickeln?
➤ Besteht die Gefahr, dass Sie in Zukunft immer mehr zum Opfer der Ansprüche der anderen Person werden?
➤ Glauben Sie, dass die andere Person Sie mehr liebt und mehr respektiert, wenn Sie ihr gegen Ihren Willen gefügig sind?

Wenn Sie könnten, was Sie am liebsten täten: Würden Sie aus der Verpflichtung rausgehen oder nicht?

➤ Entscheiden Sie jetzt!

Nehmen Sie das Ja zurück, und sagen Sie nein

Vielleicht überrascht es Sie, in diesem Buch zuerst das Thema des nachträglichen Nein behandelt zu finden. Sie haben vermutlich erwartet, dass Sie auf Anhieb über das Neinsagen lesen werden. Für die gewählte Reihenfolge gibt es jedoch zwei Gründe:

1. Das Zurücknehmen einer Zusage mit nachträglichem Nein ist einfacher zu trainieren.

Was passiert denn, wenn jemand von Ihnen etwas will, wozu Sie lieber nein sagen möchten? In der Regel rechnet die andere Person mit Ihren Abwehrversuchen. Also wird sie sich vorab überlegen, wie sie Ihnen ein Nein unmöglich machen kann.

Das bedeutet, dass die andere Person gut vorbereitet auf Sie zukommt, während Sie völlig überrascht sind.

Deshalb kommt es dann ja auch so oft zu den hartnäckigen Wortwechseln, in denen Sie nicht bestehen können und letztlich schließlich ja statt nein sagen.

Beispiel: »Mama, kann ich am Wochenende dein Auto haben?« »Nein. Ich brauche es selbst.« »Wozu denn?« »Ich will zu meiner Freundin nach Frankfurt.« »Da kannst du doch mit dem Zug fahren.« »Ja, aber wir wollen vielleicht zusammen einen Ausflug machen.« »Hat die denn kein Auto?« »Doch, aber damit fährt ihr Mann weg.« »Wohin denn?« ... Kennen Sie solche Dispute?

Völlig egal, mit welchen Argumenten die Mutter ihr Auto zu behalten versucht, die Tochter hat ganz sicher noch reichlich an Gegenargumenten oder bohrenden Nachfragen parat. Sie denkt bestimmt schon seit zwei Tagen darüber nach: »Wie bringe ich meine Mutter dazu, mir das Auto zu geben?« In dieser Zeit hat sie innerlich den Dialog x-mal in allen Varianten durchgeübt oder sogar mit dem Bruder gemeinsam vorbereitet. Die Mutter muss schon sehr schlagfertig sein, wenn sie nicht am Ende klein beigeben will: »Okay, aber das ist das letzte Mal.«

Beispiel: »Frau Schneider, machen Sie doch bitte morgen für mich die Spätschicht.« »Herr Wagner, das geht leider nicht. Ich habe Gäste im Haus.« »Ja? Wen denn?« »Mein Bruder ist mit seiner Frau zu Besuch.« »Aber die können sich doch einmal einen Abend allein in der Stadt umsehen.« »Das schon, aber morgen sind wir zusammen bei seiner Schwägerin zum Grillen eingeladen.« »Es ist doch Regen angekündigt.« »Das macht nichts, die bauen ein Zelt auf.« »Na gut, aber Sie sind doch spätestens um neun Uhr hier fertig.« »Die Einladung ist schon für achtzehn Uhr.« »Beim Grillen kommt es doch sowieso nicht so auf die Zeit an. Da liegt doch bestimmt bis in die Nacht etwas auf dem Rost.« ...

Wer etwas von Ihnen will, bereitet sich vor und nutzt Ihre Überraschung aus.

Solche Wortgefechte sind typisch für Menschen, die sich vorbereitet haben, um ihren Willen durchzusetzen. Der überraschte Gesprächspartner sucht nun verzweifelt nach Ausflüchten und wird doch immer wieder festgenagelt, bis er sich schließlich selbst ziemlich blöd vorkommt mit seinen scheinbar fadenscheinigen Ausreden. Nur wenige Mutige schaffen es dann, ganz einfach zu sagen: »Ich muss mich vor Ihnen nicht rechtfertigen!«

Nur wenige Geistesgegenwärtige schaffen es sogar, zum Gegenargumentieren überzugehen, wie die Varianten der vorausgegangenen Beispiele zeigen:

»Mama, kann ich am Wochenende dein Auto haben?« »Wozu brauchst du denn mein Auto?« »Wir wollen zum Baggersee fahren.« »Es ist doch viel zu kalt zum Baden.« »Vielleicht gehen wir auch spazieren.« »Dazu brauchst du doch das Auto nicht. Fahrt mit dem Rad.«

»Frau Schneider, machen Sie doch bitte morgen für mich die Spätschicht.« »Warum können Sie denn nicht?« »Ich muss zum Elternsprechtag.« »Warum geht denn nicht Ihre Frau?« »Die hat keine Zeit.« »Sagen Sie ihr, dass Sie auch nicht können, weil Sie Spätschicht haben.«

Merken Sie den Unterschied? Oft sagen wir ja, wo wir lieber nein gesagt hätten, weil wir einfach nicht so schlagfertig mithalten können mit denen, die sich sehr gut auf unsere mögliche Gegenwehr vorbereitet haben. Statt dass die Person, die etwas von einem will, sich rechtfertigt, fühlt man sich selbst in Erklärungsnot und sucht letztlich vergeblich nach rhetorischen Fluchtwegen zum rettenden »Nein!«.

Drehen Sie den Spieß um! Bereiten Sie sich auf das nachträgliche Nein vor und überraschen Sie Ihrerseits. Das ermöglicht Ihnen nicht nur für den einen Fall den Ausstieg aus voreiliger oder erzwungener Zusage. Es stärkt auch Ihr Selbstbewusstsein: »Ich kann mich gegen Zumutungen zur Wehr setzen! Ich bin nicht mehr das Opfer der Leute, die meine Freundlichkeit ausnutzen!«

Beim nachträglichen Nein können Sie vorbereitet in das Gespräch gehen.

2. Anderen vergeht zunehmend die Lust,
   Sie unter Druck zu setzen.

Andere müssen notfalls die Erfahrung machen, dass Sie selbstbewusst genug sind, ein mehr oder weniger erzwungenes Ja nachträglich in ein Nein zu ändern. Das wird ihnen in Zukunft die Lust nehmen, Sie überhaupt noch unter Druck zu setzen, in rhetorische Gefechte zu verwickeln oder sonst wie trickreich gefügig zu machen. Es lohnt sich nicht, wenn man dann ohnehin damit rechnen muss, dass Sie es wieder rückgängig machen.

Wenn Sie also nach reiflicher Überlegung erkannt haben, dass es für Sie besser ist, sich aus einer Verpflichtung zu lösen, dann können Sie wie folgt vorgehen:

➤ Bereiten Sie sich auf die Aussprache vor

➤ Formulieren Sie schriftlich Ihren Satz für die Rücknahme. Orientieren Sie sich gerne an den obigen Beispielen.
➤ Wählen Sie einen günstigen Augenblick aus, zu dem Sie die betreffende Person ansprechen wollen.
➤ Fassen Sie sich ein Herz und tun Sie es!

➤ Führen Sie das Gespräch in fünf Phasen:

1. *Kommen Sie sofort zum Thema.*
➤ »Frau Ripla, es geht um ...«
➤ »Herr Schultze, Sie haben mich gestern gebeten, ...«
➤ »Marion, ich muss noch mal mit dir über ... reden.«
➤ »Joschka, wegen der ...«

2. *Sprechen Sie Ihre Absage in kurzer Botschaft klar aus.*
➤ »Ich kann Ihre Katze leider nicht in Pflege nehmen.«
➤ »Den PC werde ich Ihnen doch nicht leihen.«

➤ »Ich muss leider meine Zusage für ... zurücknehmen.«
➤ »Es wird mir zu viel, Ihre Mutter jede Woche zum Einkaufen zu begleiten.«

3. Lassen Sie sich nicht in Rechtfertigungspflicht nehmen ...
➤ »Warum denn nicht?« – »Ich kann dazu leider nicht mehr sagen.«
➤ »Wieso sagen Sie jetzt plötzlich ab?« – »Ich möchte meine Gründe nicht nennen.«

... und lösen Sie nicht das Problem des anderen ...
➤ »Was soll ich denn jetzt machen?« – »Tut mir Leid, dass Sie sich nun eine andere Lösung suchen müssen.«
➤ »Wie stellen Sie sich das vor?« – »Ich verstehe Ihren Ärger, aber ich kann Ihnen leider nicht helfen.«

... und lassen Sie sich nicht provozieren.
➤ »Sie können doch nicht einfach Ihr Wort brechen!« – »Sie haben Recht. Ich hätte erst gar nicht zusagen sollen. Tut mir Leid.«
➤ »Das ist unfair, mir erst zuzusagen und mich dann sitzen zu lassen!« – »Ich fühlte mich in die Enge getrieben und habe deshalb zugesagt. Aber nun sehe ich wieder klarer und sage hiermit ab.«

4. Bieten Sie eventuell Übergangshilfen an.
➤ »Um Ihnen erst einmal aus der Patsche zu helfen, biete ich Ihnen an ...«
➤ »Ich weiß, dass es für Sie überraschend kommt. Deshalb bin ich bereit ...«
➤ »Ich will Sie ja nicht so plötzlich im Stich lassen. Wenn es Ihnen hilft ...«

Machen Sie an dieser Stelle durch Ihre Wortwahl deutlich, dass es bereits eine nette Geste von Ihnen ist, sich entgegenkommend zu zeigen.

Sie sollten jedoch keine Übergangshilfen anbieten, wenn Ihr Gegenüber Sie unfreundlich behandelt. Dann sagen Sie lieber:

– So möchte ich nicht mit mir reden lassen.«
– »Ich muss sagen, so, wie Sie mich jetzt angreifen, bestätigt dies meinen Entschluss.«

5. Beenden Sie das Gespräch zügig.

➤ »Tut mir Leid, aber ich werde in Zukunft nicht mehr so unüberlegt Zusagen machen.«

➤ »Ich verstehe Ihre Enttäuschung, aber so ist es nun mal.«

Gehen Sie erst einmal weg. Sie selbst stehen wahrscheinlich vor Aufregung bis unter die Haarwurzeln unter Adrenalin, und Ihrem Gesprächspartner geht es nicht anders. Jetzt ist Distanz angebracht. Zeigen Sie die Stärke, nicht um Verständnis zu betteln. Das haben Sie nicht nötig. Das ist auch nicht nötig.

Wenn der andere in Ruhe nachgedacht und sich notfalls die Wunden geleckt hat, dann sieht er oder sie die Sache auch wie- **Betteln Sie niemals für Ihre** der anders als im ersten Schreck. Man **Entscheidung um Verständnis.** kennt Sie schließlich als hilfsbereiten Menschen und kann sich denken, dass Sie vermutlich gute Gründe haben. Man will es sich ja auch nicht auf Dauer mit Ihnen verderben. Wahrscheinlich meldet sich beim anderen jetzt endlich auch das schlechte Gewissen, Sie zuvor unter Druck gesetzt zu haben.

Im Moment ist der andere vermutlich sauer auf Sie. Dennoch gewinnen Sie an Respekt. Beim nächsten Mal traut man sich nicht mehr so leicht, Ihnen das Recht auf ein Nein streitig zu machen.

Was Sie jetzt für sich tun können:

Bereiten Sie Ihr Gespräch für ein nachträgliches Nein vor. Gehen Sie dann nicht sofort zu der betreffenden Person. Spielen Sie die Situation zuerst einige Male in Gedanken durch. Spielen Sie dabei Ihre Rolle vor Ihrem geistigen Auge mutig, freundlich und selbstbewusst.

Anschließend gehen Sie zu einer Freundin oder einem Freund und üben zu zweit im Rollenspiel. Erklären Sie die Situation und Ihr Anliegen. Spielen Sie die Begegnung einmal so, dass Sie Ihre eigene Rolle übernehmen, und auch einmal so, dass Sie in die Rolle der Person schlüpfen, der Sie Ihr nachträgliches Nein übermitteln wollen.

Überwinden Sie sich dann und sprechen Sie die betreffende Person an. Sie werden sehen, es geht!

Die 5 Phasen des nachträglichen Nein

1. Sofort zum Thema kommen.
2. Klare Botschaft.
3. Keine Rechtfertigung.
4. Bieten Sie Übergangshilfe an.
5. Beenden Sie das Gespräch.

So sagen Sie selbstbewusst und fair nein

3

Bringen Sie das Nein über
die Lippen!

Fällt es Ihnen manchmal schwer, ganz einfach zu sagen: »Nein.«? Was sagen Sie stattdessen? Wie lehnen Sie eine Bitte oder einen Vorschlag oder eine Forderung ab? Welchen Umweg gehen Sie dabei?

Vielleicht versteckt sich Ihr Nein gerne in Formulierungen wie den folgenden:

»Das passt jetzt nicht so gut.«

»Das ist jetzt etwas ungünstig.«

»Ich möchte lieber ...«

»Muss das sein?«

»Kann man nicht ...?«

»Eigentlich wollte ich lieber ...«

»Ich weiß nicht so recht.«

»Mir wäre lieber ...«

Verschleiern Sie Ihr Nein nicht. Das zeigt Unsicherheit, wie auch die folgenden Beispiele zeigen:

»Können Sie am Wochenende unsere Katze füttern?«

»Das ist etwas schwierig. Wir haben selber einen Ausflug vor.«

»Darf ich mal an Ihren PC?«

»Eigentlich wollte ich gerade meine Abrechnung machen.«

»Übernehmen Sie den Besuch bei unserem Kunden Müller?«

»Kann das nicht Herr Meier machen? Der kommt doch sowieso da vorbei?«

Hinter allen drei Antworten steht der Versuch, sich um das »harte« Nein herumzumogeln. Es möge doch bitte der Fragende selbst so nett sein und einen Rückzieher machen. Aber leider kommt beim Fragenden oft gar nicht deutlich an, was wirklich gemeint ist. Wenn dann der Fragende ein starkes Interesse daran hat, auf keinen Fall mit einem Nein – und damit für ihn ungelösten Problem – abgefunden zu werden, dann wird er sich natürlich hüten, das Nein herauszuhören. Stattdessen hört der Fragende: Die gefragte Person möchte nicht so gerne, wird aber nach ein paar weiteren Überzeugungsversuchen wohl zustimmen.

Die Kunst des erfolgreichen Neinsagens beginnt damit, dass Sie es überhaupt flott über die Lippen bringen. Halten Sie sich nicht mit langen Sätzen auf in der Hoffnung, der andere möge sie sich selbst zu einem Nein zusammenfassen. Sprechen Sie das Wort selber aus!

Was Sie jetzt für sich tun können:

Üben Sie in den nächsten Tagen das Wort NEIN. Sagen Sie nein, singen Sie nein. Flüstern Sie es. Spielen Sie immer wieder mit Aussprache und Lautstärke. Stellen Sie sich vor den Spiegel und schauen Sie sich dabei an. Schließen Sie die Augen und hören Sie zu, wie gut es klingt. Schreien Sie es einfach heraus. Hämmern Sie es einem fiktiven Aufdringlichen heftig ein: »Nein! Nein, nein, nein!« Sagen Sie mit freundlichem Bedauern oder ohne Zusatzerklärungen: »Nein.«

Zuerst mag Ihnen die Übung lächerlich erscheinen. Vielleicht haben Sie innere Widerstände zu überwinden, das Nein überhaupt laut und ohne weitere Ausführungen und Begründungen und Rechtfertigungen zu sagen. Tun Sie es trotzdem mehrere

Tage hindurch immer wieder. Irgendwann ist das Wort »Nein«
für Sie ein Wort wie jedes andere. Sie werden es dann bei Bedarf so selbstverständlich sagen wie bisher »Ja«.

So sagen Sie überzeugend nein

Nach ein paar Tagen der Übung kommt Ihnen das Wort Nein
ganz wunderbar über die Lippen. Der nächste Schritt ist die
überzeugende Anwendung im konkreten Fall.

Um es noch einmal klar zu sagen: Es geht nicht darum, dass
Sie immer nein sagen und Ihre Mitmenschen enttäuschen.
Selbstverständlich wollen Sie ein hilfsbereiter und netter
Mensch sein. Aber Sie wollen souverän selbst entscheiden,
wann und wozu Sie ja oder nein sagen.

> Wenn Sie überzeugend nein sagen,
> haben Sie drei Vorteile:

1. Sie können Ihre Zeit selbst einteilen und verplanen.
Wer nicht nein sagen kann, muss immer wieder eigene Prioritäten zurückstellen und das tun, was andere wollen.

2. Sie stärken Ihr Selbstbewusstsein.
Weil Sie Ihre Zeit und Ihre Prioritäten selbst bestimmen,
erreichen Sie auch Ihre Ziele und schaffen Ihre Aufgaben.
Der Erfolg macht Sie stolz auf Ihre Leistungen und fördert
Ihr Ansehen bei Chefs, Kollegen und Freunden.
Wer nicht nein sagen kann, ist nicht nur ständig überfordert
und schafft vieles gar nicht, sondern fühlt sich auch depri-
miert: »Mit mir kann man es ja machen.« Diese abwertende
Selbsteinschätzung überträgt sich auf andere: »Mit der/dem

kann man es machen.« Die lieben Mitmenschen nutzen die Wehrlosigkeit gerne aus. Sie sagen zwar danke, verlieren jedoch den Respekt.

3. *Sie erkennen, wer Ihre Freunde sind und wer Ihre Ausnutzer.*
Freunde gestehen es Ihnen zu, dass Sie auch einmal nein sagen. Freunde nehmen es Ihnen nicht übel, dass Sie nicht willenlos gefällig sind. **Freunde glauben Ihnen, dass Sie Gründe für ein Nein haben.** Freunde glauben Ihnen, dass Sie hilfsbereit sind und halt gute Gründe haben, wenn Sie einmal nein sagen müssen.

Ausnutzer gestehen Ihnen Ihre souveräne Entscheidung über ein Ja oder Nein nicht zu. Ausnutzer bohren nach und wollen Rechtfertigungen hören. Ausnutzer verlangen von Ihnen Erklärungen, um diese dann sofort zu widerlegen oder Ihnen zumindest ein schlechtes Gewissen einzureden. Ausnutzer machen Druck oder diffamieren Sie sogar als lieblosen Menschen, wenn Sie nicht brav ihre als Bitten getarnten Befehle ausführen.

Was Sie jetzt für sich tun können:

Schreiben Sie sich einen autosuggestiven Satz auf, den Sie zum Beispiel im Badezimmer am Spiegel ankleben. Sprechen Sie ihn mehrmals täglich laut, bis Sie ihn verinnerlicht haben. Das kann sein: »Ich will gerne meinen Mitmenschen helfen. Ich will meinem Chef eine gute Mitarbeiterin/ein guter Mitarbeiter sein. Ich will bewusst unter meinen Kollegen mit für das gute Teamklima sorgen. Ich trage meinen Teil zu einer guten Nachbarschaft bei. Ich achte aber auch darauf, dass ich mich nicht selbst überfordere. Und ich verlange von meinen Mitmenschen Respekt für meine souveränen Entscheidungen.«

Zu Ihrem selbstbewussten Nein gehört, dass Sie ...

➤ ... das Wort »Nein« aussprechen und nicht mit vagen Formulierungen umschreiben.
So nicht: »Also, das geht jetzt nicht so gut.«

➤ ... nicht den Eindruck eines schlechten Gewissens vermitteln.
So nicht: »Entschuldigung. Das ist mir jetzt sehr unangenehm. Aber ich kann nicht.«

➤ ... nicht schroff oder gar unfreundlich sind.
So nicht: »Ich denke nicht daran!«

➤ ... keine Ausreden und Notlügen vorschieben.
So nicht: »Ich kann nicht. Meine Tante kommt am Wochenende und da ...«

➤ ... nicht um Verständnis betteln.
So nicht: »Bitte verstehen Sie mich. Ich kann leider nicht. Sie sind doch nicht böse, oder?«

➤ ... sich nicht rechtfertigen.
So nicht: »Ich würde das gerne machen, aber ich kann nicht, weil ...«

➤ ... sich nicht selbst schlecht dabei machen.
So nicht: »Ich weiß, dass ich jetzt sehr egoistisch bin, aber ...«

➤ ... nicht doch ja sagen und sich hintenherum bei Dritten über Ihre Ausnutzer beschweren.
So nicht: »Also, die Meier wird immer aufdringlicher. Jetzt hat sie mich so unter Druck gesetzt, dass ich ...«

Wenn Sie nein sagen, dann tun Sie das mit fester Stimme und festem Blickkontakt. Wenn es Ihnen sehr schwer fällt, den

Sie haben es nicht nötig, sich mit Notlügen und Rechtfertigungen aus der Affäre zu ziehen.

Blickkontakt zu halten, dann schauen Sie der anderen Person zwischen die Augenbrauen. Für Sie ist das leichter, und die andere Person fühlt sich angeschaut.
Häufig laufen Dialoge, die ein Nein von Ihnen verlangen, in sieben Phasen ab:

1. Die andere Person bittet Sie um etwas.

2. Sie machen eine kurze Denkpause und entscheiden.
Wenn Sie der Bitte nachkommen wollen, sagen Sie ja. Damit ist die andere Person natürlich zufrieden. Wenn Sie nein sagen wollen, folgt die dritte Phase.

3. Sie lehnen mit fester Stimme und festem Blickkontakt ab.
➤ »Nein. Das geht nicht.«
➤ »Nein. Ich kann leider nicht.«
➤ »Nein. Das ist nicht möglich.«
➤ »Nein. Das möchte ich nicht.«
➤ »Tut mir Leid. Nein.«
Nach diesem einen Satz mit fest ausgesprochenem Nein lösen Sie den Blickkontakt sofort. Wenn Sie jetzt den anderen weiterhin anschauen, könnte der das **Lassen Sie sich nicht von** für Ihre erwartungsvolle Aufforderung **Gegenfragen ins Bockshorn** halten, weiter in Sie zu dringen. **jagen.**

4. Hartnäckige Menschen und diejenigen, die Sie bisher als zu netten Jasager erlebt haben, werden vermutlich jetzt nachbohren: »Wieso nicht?«
Achtung! Das ist die kritische Stelle! In diese Falle sollten Sie nicht laufen! Erklären Sie nicht, wieso Sie nein sagen.

5. Kontern Sie mit der Gegenfrage:
»Wie, wieso nicht?« Dazu nehmen Sie wieder festen Blickkontakt auf. Sie werden sehen, dass sich achtzig Prozent aller Fälle an dieser Stelle von selbst erledigen. Ein taktvoller Mensch, der Sie respektiert, wird durch Ihre Gegenfrage daran erinnert, wie dreist das Nachbohren ist. Ein taktvoller Mensch, der Sie respektiert, macht sofort einen Rückzieher und akzeptiert Ihre Entscheidung.

6. *Die Dreisten und diejenigen, die noch nicht an Ihr Selbstbewusst-*
sein glauben, bleiben dran und bohren weiter: »*Wieso machst du*
das nicht?« »*Wieso sagst du nein?*« »*Warum möchten Sie das nicht?*«

7. *Jetzt nehmen Sie erneut festen Blickkontakt auf und sagen:*
»*Nein. Wirklich nicht.*« *Mund zu und Blickkontakt abbrechen.*

Beispiel: Die beiden Freundinnen Marion Hilbert und Irene
Janssen unterhalten sich am Telefon. Beide haben jugendliche
Kinder und somit ähnliche Freuden und Probleme mit der Erziehung. Plötzlich sagt Irene: »Da fällt mir ein, unser Sascha
will übernächste Woche zum Popkonzert nach Frankfurt. Kann
er bei euch übernachten?«

Marion braucht einen Moment Bedenkzeit. Sie weiß, dass
ihr Mann auf keinen Fall noch einmal den Jungen im Haus
haben will. Beim letzten Mal kam er nicht nur angetrunken
nachts heim, er hatte vermutlich auch noch andere Partydro-
gen genommen. Als sie damals Irene darauf angesprochen
hatte, wurde die fast böse. Sie lasse ihrem Sohn solche Sachen
nicht unterstellen!

»Wann soll das sein?«

»Übernächsten Samstag, am vierten.«

»Am Vierten? Tut mir Leid. Nein, am Vierten geht es bei
uns nicht.«

»Wieso nicht?«

»Wie, wieso?«

Marion hört sofort den Rückzieher in Irenes Stimme: »Ich
meine nur, es wäre für mich eine Beruhigung gewesen, wenn er
bei euch hätte übernachten können.«

»Ja, aber es geht bei uns leider nicht.«

Stellen Sie sich bitte vor, wie der Dialog sich vermutlich ent-
wickelt hätte, wenn Marion das Nein begründet hätte:

»Kann Sascha bei euch übernachten?«

»Oh, das ist etwas ungünstig. Am vierten haben wir schon Besuch. Da kommt meine Tante.«

»Das macht doch nichts. Sascha kann ja bei eurem Ulli im Zimmer übernachten.«

»Ulli muss für die Schule pauken. Der hat schon die letzte Klassenarbeit verhauen.«

»In welchem Fach?«

»Mathe. Da liegt leider nicht Ullis Stärke.«

»Aber das ist doch ideal! Unser Sascha schreibt da nur Einser. Außerdem ist er in der Schule ein Jahr weiter als euer Sohn. Weiß du was, wir machen das so: Ich schicke den Sascha schon am Freitag. Dann muss er mit Ulli pauken. Das kann der gut als Gegenleistung tun, wenn er schon bei euch übernachten darf. Am Samstag geht er dann auf sein Konzert. Da stört er den Ulli auch nicht. Gute Idee, so machen wir das.«

»Ich weiß nicht. Meine Tante ist doch am Wochenende bei uns. Die ist auch nicht mehr die Jüngste. Ich fürchte, das ist zu viel Unruhe für sie.«

»Ach was, die Jungs haben mit der alten Tante doch nichts im Sinn. Die sehen sich doch gar nicht.«

Können Sie sich vorstellen, wie Marion ins Schwitzen gerät? Sie fühlt sich förmlich überrollt. Sie weiß, dass ihr Mann sich aufregt, wenn sie ihm beichten muss, dass die Freundin sie »breitgeschlagen« hat. Sie selbst will auch nicht, dass ihr Sohn unter den Einfluss von Sascha gerät. Außerdem muss sie sich um zwei Notlügen kümmern. Es gibt keine Tante, die am Wochenende zu Besuch kommen wollte, und ihr Ulli hat auch keine Mathearbeit verhauen. Der wird sich nicht dafür bedanken, dass ihm die Mutter das angehängt hat.

Auch Herr Müller im folgenden Beispiel fährt besser, wenn er sich an das Neinsagen ohne Begründungen hält. Sein Kollege Herr Winter spricht ihn an: »Mir ist heute leider die Zeit aus dem Ruder gelaufen. Würden Sie wohl bitte auf dem Heimweg noch eben bei der Firma Schute reinschauen? Die Ersatzteile für deren Bohrer sind heute gekommen. Ich hab versprochen, sie ihnen heute noch zu bringen.«

Herr Müller hat keine Lust, dem Kollegen diesen scheinbar harmlosen Gefallen zu tun. Zwischen den beiden spielt sich nämlich ein latenter Machtkampf ab. Demnächst wird die Position des Verkaufsleiters neu besetzt. Beide Herren haben sich auf die Stelle beworben. Beide kämpfen darum, sich als potenzielle Führungspersönlichkeiten vor dem Chef darzustellen.

Erst in der vergangenen Woche hat Herr Müller dem angeblich in Zeitnot geratenen Winter beim Umsatzbericht geholfen. Prompt schaffte es der listige Winter, dem Chef mitzuteilen: »Den Bericht habe ich von Müller schreiben lassen. Ich bin sehr zufrieden mit seiner Arbeitsqualität.« Die subtile Botschaft dabei war: Chef, eigentlich bin ich schon längst die Führungskraft von Müller.

Von wegen! Herr Müller schaut seinen Kollegen an und sagt: »Ersatzteile für Schute? Nein, die kann ich nicht mitnehmen.« Dann schaut er sofort wieder in seine Unterlagen. Seine Körperhaltung drückt aus, dass für ihn das Gespräch beendet ist.

»Wieso denn nicht?« Herr Winter bleibt an Müllers Schreibtisch stehen.

»Wie bitte?« Noch schaut Herr Müller auf seine Unterlagen.

»Wieso können Sie die nicht mitnehmen?« Herrn Winters Stimme klingt fast anklagend.

»Wie, was meinen Sie mit ›Wieso können Sie die nicht mitnehmen?‹« Jetzt schaut Herr Müller seinem Kollegen-Rivalen geradewegs zwischen die Augenbrauen. Sofort klingt Herrn Winters Stimme schon zurückhaltender: »Sie kommen doch sowieso da vorbei.«

»Nein, heute nicht. Tut mir Leid.« Herr Müller beugt sich wieder über seinen Schreibtisch.

Herrn Winter bleibt nichts anderes übrig, als sein Problem nun selbst zu lösen. Dass er vermutlich im Moment ärgerlich ist, stört Herrn Müller gar nicht. Hätte er seinem Kollegen den Gefallen getan, hätte der sich natürlich freundlich bedankt. Aber dann hätte Herr Müller sich selbst geärgert.

Sie werden sich bei Ihren Absagen an die Ansprüche Ihrer Mitmenschen darum bemühen, möglichst keine Verärgerung zu verursachen. Das darf jedoch nicht dazu führen, dass andere mit Ihnen machen können, was sie wollen. Denn das würde Sie selbst ärgern!

Dass Sie sich nicht ärgern, ist ebenso wichtig wie das Nichtärgern anderer.

Dass Sie sich nicht ärgern, ist auch wichtig! Daran müssen Sie beim Neinsagen in Zukunft immer denken. Bitte fragen Sie sich ab sofort nicht nur: »Was denkt der andere, wenn ich nein sage?« Fragen Sie sich lieber: »Macht sich der andere um meine Gefühle eigentlich auch so viele Gedanken wie ich mir um seine?«

Was Sie jetzt für sich tun können:

Üben Sie mit einer anderen Person das Neinsagen nach dem hier beschriebenen Vorgehenskonzept:
1. Bitte oder Anfrage
2. Denkpause
3. »Nein, ...«
4. »Wieso nicht?«
5. »Wie, wieso nicht?«
   ----
6. »Wieso geht es nicht?«
7. »Nein, ...«

Spielen Sie auch einmal die Rolle der bittenden oder fragenden Person. Sie werden merken, wie schwer es ist, nach dem »Wie, wieso nicht?« überhaupt noch beharrlich zu bleiben. Daran wird Ihnen klar, wie dreist die Menschen sind, die sich Ihnen gegenüber so was erlauben!

Was Sie anschließend noch für sich tun können:

Wenn Sie durch Rollenspiele fit für die praktische Anwendung sind, dann tun Sie es! Probieren Sie es einfach aus. Beim ersten Mal bekommen Sie vermutlich noch feuchte Hände. Aber Sie werden schnell erkennen, dass die meisten Leute viel rücksichtsvoller sind, als Sie bisher glaubten. Sie gehen gar nicht bis zur 6. Phase, sondern machen vorher einen Rückzieher. Sie sind auch gar nicht so verärgert, wie Sie befürchtet haben. Die bisherige Beharrlichkeit der meisten Menschen lag ganz einfach daran, dass Ihre gewohnte Art, ein Nein in ausweichende und erklärende Formulierungen zu verpacken, ganz einfach nicht als »echtes Nein« erkannt wurde!

Was Sie ebenfalls noch für sich tun können:

Kaufen Sie ein Sparschwein. Nehmen Sie sich etwas Schönes mit dem Geld vor, das Sie ab sofort darin sparen werden. Ob Sie sich etwas zum Anziehen kaufen oder sich ein Wochenende auf der Schönheitsfarm gönnen, ist egal. Wichtig ist: Es soll etwas sein, worauf Sie sich jetzt schon freuen.

Und nun werden Sie stets dann, wenn jemand von Ihnen ein Nein bekommt und Ihnen gegenüber Verärgerung zeigt, sämtliche Münzen, die sich gerade in Ihrem Portemonnaie befinden, in das Schwein stecken. Halten Sie die Verärgerung der anderen Person aus! Die oder der beruhigt sich wieder. Es ist nur die vorübergehende Enttäuschung, dass man mit Ihnen leider nicht mehr alles machen kann. Freuen Sie sich jetzt schon mal darüber, wie schön fett Ihr Schwein wird. Und denken Sie daran: Je schneller Ihr Sparschwein zunimmt, desto schneller wächst bei Ihren Mitmenschen der Respekt vor Ihrem Selbstbewusstsein!

Sagen Sie nein wie eine Königin

Die jungen Mädchen aus adeligen Häusern wurden seit jeher sorgfältig zu Damen im wahren Sinne des Wortes erzogen. Ihre Erziehung richtete sich danach aus, sie für ihre späteren Rollen bei Hofe oder in anderen Häusern der besten Gesellschaft vorzubereiten. Wenn das Glück es wollte, konnte sogar eine Rolle als Königin auf eine der jungen Damen zukommen.

Adelige Mädchen mussten standesgemäßes Auftreten beherrschen. Auf gar keinen Fall durften sie sich wie ihre Dienstboten verhalten! Ein Problem bestand in der Tatsache, dass die Mädchen als kleine Kinder oft sehr engen Kontakt zu Dienstmädchen, Dienern und Köchinnen hatten. Zu leicht konnten sie sich dort Fehlverhalten im Sinne ihrer zukünftigen Rolle abschauen.

Das zweite Problem bestand in den harten Rivalitäten der Adelsfamilien untereinander. Schon bald lernten auch die kleinen Mädchen, dass unter der Fassade liebenswürdiger Höflichkeit sehr wohl mit harten Bandagen um heiratsfähige Prinzen, lukrative Stellungen bei Hofe und so weiter gekämpft wurde. Deshalb musste man sehr aufpassen, dass man sich von Rivalinnen nicht in unterwürfiges Verhalten drängen ließ.

Zum Glück leben wir heute in einer modernen demokratischen Gesellschaft. Uns allen steht es offen, »adelige« Verhaltensweisen zu trainieren und damit unser Selbstbewusstsein zu stärken und unsere Ausstrahlung zu beeinflussen.

Auch Sie, liebe Leserin und lieber Leser, haben dabei zunächst möglicherweise zwei typische Hürden zu überwinden:

Sie haben sich vielleicht von irgendwem in Ihrer Umgebung schon in jungen Jahren ein ungünstiges Verhalten abgeschaut. Sie haben es sich schon in der Kindheit angewöhnt, immer brav zu sein und das zu tun, was andere von Ihnen wollten. Dafür wurden Sie gelobt und belohnt. Wenn Sie einmal nicht brav waren, wurde Ihnen ein schlechtes Gewissen eingeredet: »Sei nicht widerborstig.« »Tu, was man dir sagt!«

Wenn Sie eine Frau sind, sind Sie wahrscheinlich noch viel mehr als Ihre Brüder oder andere Jungen dazu erzogen worden, gefällig zu sein. Sie stehen ebenfalls in Ihrem Leben immer **Sie sind nicht der Dienstbote** wieder in Rivalitäten, die sich oft hinter **für andere.** scheinbar freundlichster Fassade verbergen. Überall und nicht nur in der Karriere werden subtile Kämpfe darüber ausgetragen, wer mehr Macht hat, wer wen für sich einspannen kann, wer was mit sich machen lässt und wer was mit wem machen kann.

Wenn Sie ein Mann sind, hat man Ihnen wahrscheinlich viel mehr als Ihren Schwestern Mut gemacht: »Lass dir das nicht gefallen!« »Setz dich durch!« Wenn dem so ist, haben Sie kaum Probleme mit dem selbstbewussten Nein. Das Neinsagen ist tatsächlich viel mehr eine Schwierigkeit für Frauen als für Männer. Aber es gibt auch Ausnahmen. Wenn man Ihnen als kleinem Jungen beispielsweise bevorzugt die Botschaft vermittelt hat: »Gehorche!« oder »Sei ein lieber Junge und nicht wie die anderen, die bösen Buben!«, dann fällt es Ihnen ebenfalls schwer, ganz einfach nein zu sagen.

Ganz egal, ob als Mann oder Frau, lassen Sie sich ab sofort von niemandem mehr gegen Ihren Willen für dessen Dienste einspannen. Sagen Sie gegebenenfalls »standesgemäß« nein.

Halten Sie sich dazu an die drei folgenden Merksätze, die man kleinen zukünftigen Königinnen/Königen eingeprägt hat.

»Standesgemäß« nein sagen

➤ »Ich rechtfertige mich nicht vor denen, denen ich nicht zu Rechenschaft verpflichtet bin.«
➤ »Ich entschuldige mich nicht, wo ich keine Schuld auf mich geladen habe.«
➤ »Ich bitte um Verständnis für meine Entscheidungen, aber ich mache mich nicht vom Verständnis anderer abhängig.«

Bitte lassen Sie diese Merksätze in sich nachklingen. Was spüren Sie dabei? Wie würden Sie sich fühlen, wenn es Ihnen gelänge, konsequent danach zu leben?

Wer sich die drei Merksätze zu Eigen macht, lebt in der Tat sehr selbstbewusst nach eigenen Regeln und nicht nach denen, die andere einem so gerne aufdrücken möchten. Diese Merksätze ermutigen keineswegs zu egoistischem Verhalten. Sie spornen keineswegs an, aus purer Bosheit stets nein zu sagen, wenn andere Hilfe brauchen.

Stattdessen ermutigen sie zu der Einstellung »Ich bin es wert, darauf zu bestehen, dass andere mich und meine Entscheidungen respektieren. Wenn die anderen dazu nicht bereit sind, dann entscheide ich trotzdem, wie ich es für richtig halte.«

Sie wissen aus Erfahrung, dass Sie an Tagen, an denen Sie sich sehr gut fühlen, eine völlig andere Haltung einnehmen als an Tagen, in denen Sie sich nicht gut fühlen. Auch im Sprachgebrauch benutzen wir Begriffe wie »Niedergeschlagenheit«, »gedrückte Stimmung« oder »aufrechte Haltung«. Dabei spielen immer die körperliche Haltung und die seelische Haltung zusammen.

Was liegt demnach näher, als dass Sie sich zunächst äußerlich um Ihre »königliche Haltung« bemühen? Sie werden damit auf andere Menschen viel aufrechter und selbstbewusster

Zeigen Sie eine selbstbewusste Haltung und Sie werden respektiert.

wirken, als wenn Sie »sich hängen lassen« oder sich gar »unterdrücken« lassen.

Ihre »königliche Haltung« bewirkt, dass andere Ihnen mit mehr Respekt begegnen. Das wiederum steigert Ihr Selbstbewusstsein. Damit schließt sich der Kreis von Ihrer äußeren Selbstdarstellung zur Ausstrahlung auf andere, über deren Reaktion darauf zu Ihrer inneren Haltung.

Was Sie jetzt für sich tun können:

Legen Sie ein Buch auf Ihren Kopf. Das zwingt Sie zu einer geraden körperlichen Haltung. Sprechen Sie dann mehrmals laut die drei oben genannten Merksätze der Adelserziehung aus. Wiederholen Sie das, bis Sie die Sätze auswändig können.

Machen Sie dann ein Rollenspiel mit einer anderen Person. Sagen Sie in Ihrer »königlichen Haltung« nein. Sie werden merken, dass die aufrechte und selbstbewusste Haltung es Ihnen gar nicht möglich macht, sich mit vagen Ausreden oder eilfertigen Rechtfertigungen selbst klein zu machen.

Lassen Sie Ihren Mitspieler einmal Ihnen gegenüber aus »königlicher Haltung« heraus eine Bitte abschlagen. Sie werden aus der Sicht der Gegenseite erkennen, dass es einfach unmöglich ist, eine stolze Königin oder einen König mit bohrenden Fragen in die Enge zu treiben. Das macht man einfach nicht, wenn jemand so viel »Haltung« zeigt!

Sie können es auf die Dauer gar nicht verhindern, dass Ihre Mitmenschen Sie respektieren und bewundern. Die anderen werden Sie deshalb in Zukunft auch nicht mehr nach Belieben für ihre Dienste einspannen, sondern Sie in fairer Weise bitten und dann Ihre Entscheidung respektieren.

Manchmal sollten Sie Ihre Gründe nennen

Dass Sie sich nicht von Dreisten und Hartnäckigen in die Enge treiben lassen, sollte natürlich nicht zu übertriebener Sturheit führen. Es gibt Gelegenheiten, bei denen Sie nein sagen und auch Ihre Gründe nennen.

Wohlgemerkt: Sie nennen Ihre Gründe. Sie bitten nicht unbedingt um Zustimmung. Sie brauchen sich auch nicht zu verteidigen. Ihnen geht es lediglich darum, die andere Person darüber ins Bild zu setzen, warum Sie nein sagen. Ihnen wäre es am liebsten, wenn Ihre Begründung mit wohlwollendem Verständnis aufgenommen würde. Keineswegs machen Sie jedoch Ihre Entscheidung von der Einsichtsfähigkeit anderer abhängig. Schauen Sie sich die folgenden Beispiele an:

Auch wenn Sie Ihr Nein begründen, betteln Sie nicht um Zustimmung.

Die zwölfjährige Ilona bettelt schon wieder bei der Mutter: »Lass mich mit Sabine in die Reiterferien fahren. Bitte!«

»Das geht nicht. Ich würde es dir gerne ermöglichen, aber wir haben das Geld einfach nicht.«

Wie weit die Mutter ihre Tochter in die finanziellen Details einweiht, bleibt ihr überlassen. Dass sie jedoch den Grund nennt, ist auf jeden Fall richtig. Das Kind muss lernen, dass man sich im Leben leider manches nicht leisten kann, was anderen möglich ist.

Die Mutter kann mit der Tochter einen Plan schmieden, wie sie eventuell bis zum nächsten Jahr das Geld für Reiterferien zusammensparen können. Oder das Mädchen macht sich schlau, wo es in der Nähe einen Schülerjob auf einem Reiterhof ergattern kann. So lernt das Kind: Mutters Nein hat nachvollziehbare Gründe. Außerdem sollte ich überlegen, wie ich mir doch noch den Wunsch erfüllen kann.

Der achtjährige Jonathan möchte mit dem Fahrrad zum Fußballplatz fahren. Die Mutter lehnt ab: »Nein. Ich habe gesehen, wie du trotz aller Mahnungen auf den Straßen herumgekurvt bist. Ich habe Angst, dass du verunglückst. Erst will ich sicher sein, dass du vernünftig genug bist, allein zu radeln. Bis dahin fährst du nur, wenn Papa oder ich dabei sind.«

Es wäre schön, wenn der Sohn die Strenge einsehen könnte. Aber die Mutter muss auch dann hart bleiben, wenn er die Einsicht verweigert.

Bei beiden Beispielen wird deutlich, dass Sie Kindern gegenüber ein Nein möglichst begründen sollten. Eine autoritäre Erziehung, die sich lediglich auf das Recht des Stärkeren beruft, ist falsch.

»Mama, darf ich fernsehen?«

»Nein.«

»Warum nicht?«

»Weil ich das nicht will.«

Ohne eine Begründung wirkt das Nein der Mutter wie eine reine Ausspielung der eigenen Machtüberlegenheit. Wütend wird das Kind von der zukünftigen Zeit träumen, wenn es endlich alt genug ist, sich von der Mutter nichts mehr sagen lassen zu müssen. Auch wenn das Kind später einmal selbst eine fernsehkritische Haltung einnehmen wird, bleibt als Erinnerung im Unterbewusstsein zurück: »Ich musste blind gehorchen.«

Es geht bei Diskussionen mit den Kindern nicht darum, dass die Eltern sich vor ihren Sprösslingen rechtfertigen sollen. Es darf auch nicht sein, dass den Kindern die Möglichkeit offen gelegt wird, durch Quengeln oder Geschrei doch noch ihren Willen durchzusetzen. Das folgende Beispiel kennen Sie vermutlich auch von nervenden Szenen an der Kaufhauskasse:

»Mama, kriege ich ein Eis?«

»Nein. Wir essen in einer Stunde.«

»Aber ich will ein Eis.«

»Nein.«

»Mama, bitte!«

»Nein. Du hast schon vorhin einen Lolli gehabt.«

»Aber mir ist so heiß. Gib mir ein Eis, bitte.«

»Nein, jetzt nicht.«

»Bitte, bitte, bitte. Mama, ein Eis!«

»Okay, aber das ist das letzte Mal!«

Zufrieden gibt das Kind endlich Ruhe. Es leckt sein Eis und hat wieder einmal eine Bestätigung für die ohnehin schon oft gemachte Erfahrung: »Mamas Nein hat nichts zu bedeuten. Wenn ich ausreichend Druck mache, wird daraus sowieso ein Ja.«

In der Kommunikation mit Freunden kann es oft ebenfalls ratsam sein, die eigenen Gründe für eine Absage zu nennen. Auch dann muss es nicht in jedem Fall Ihr Ziel sein, dass Ihre Freundin oder Ihr Freund das Nein gerne akzeptiert. Vielleicht sagen Sie nein, weil Sie möchten, dass die betreffende Person einmal aus Ihrer Sicht bestimmte Dinge betrachtet. Sie können zum Beispiel sagen: »Nein, ich gehe nicht mit dir zur Party bei Johnsons. Du hast dich letztes Wochenende bei den Wagners so betrunken, dass ich dich kaum nach Hause bringen konnte. So was will ich nicht noch einmal erleben.«

Seien Sie konsequent, wenn Sie anderen Ihre Grenzen der Toleranz zeigen.

Jetzt weiß Ihre Freundin Bescheid. Auch wenn sie ihr tiefstes Bedauern ausdrückt und hoch und heilig verspricht, an diesem Wochenende mit dem Alkohol zurückhaltend zu sein, ist es sinnvoll, jetzt einmal hart zu bleiben. Die Freundin braucht einmal die Botschaft »Ich meine das ernst!«.

Bei dem Beispiel auf Seite 60, als Saschas Mutter Irene bei ihrer Freundin Marion nachfragt, ob ihr Sohn bei ihr übernachten darf, hätte Marion auch begründen können: »Tut mir Leid. Aber wir sind nach wie vor der Meinung, dass Sascha beim letzten Mal unter Alkohol- und Drogeneinfluss stand. Wir möchten nicht, dass sich unser Sohn daran ein Vorbild nimmt.«

So zu begründen ist für die Freundschaft eventuell riskant. Einerseits kann Marion sich verpflichtet fühlen, die Freundin diesbezüglich zu warnen. Andererseits riskiert sie auch, dass Irene so beleidigt ist, dass sie ihr die Freundschaft kündigt. Das muss Marion für sich entscheiden. Auf keinen Fall sollte sie sich in eine Diskussion treiben lassen, ob Sascha tatsächlich Drogen nimmt oder nicht.

Das steht überhaupt nicht zur Debatte! Ihr Anliegen ist lediglich, der Freundin klarzumachen: »Nein, ich will deinen Sohn nicht bei mir zum Übernachten haben. Der Grund für mein Nein ist mein Eindruck des Drogenkonsums.« In Gedanken könnte sie hinzufügen: Wenn mein Eindruck falsch ist, so freue ich mich für dich mit. An meinem Nein ändert das nichts.

Unter Freunden muss es möglich sein, sich gegebenenfalls auch mal offen zu sagen, was man denkt. Damit begegnen Sie dem möglichen Risiko, dass man sich sonst bei Dritten über Dinge beklagt, die eigentlich die Freunde selbst hören sollten.

Unter Freunden können Sie auch oft leichter als bei anderen Menschen Verständnis für Ihre Entscheidungen finden. Sie nennen Ihre Gründe, und damit ist die Sache in Ordnung.

»Nein, ich kann morgen nicht mit dir in der Stadt bummeln gehen. Ich muss noch für die Abendschule pauken.«

»Nein, ich gehe nicht mit zu Sandigs auf die Party. Die haben meinen Ex auch eingeladen. Das ertrage ich nicht.«

»Nein, du kannst leider nicht bei mir übernachten. Wir fahren am Wochenende nach München.«

Wenn Sie Ihre Gründe nicht nennen, könnte die Freundschaft darunter leiden. Sie würden vielleicht einen launischen Eindruck vermitteln, wenn man nicht weiß, warum Sie manchmal ja und manchmal nein sagen.

Unter Freunden kann es allerdings auch mal notwendig werden, ein Nein gegebenenfalls mit einer glatten Lüge zu begründen um wenigstens überhaupt einen Grund zu nennen.

»Nein, am Freitag habe ich leider keine Zeit für dich. Ich habe meinem Mann versprochen, mit ihm die Steuererklärung zu machen.« Das ist zwar nicht die Wahrheit, hört sich jedoch besser an als: »Mein Mann hat gesagt, du gehst ihm total auf die Nerven. Ich soll dich die nächsten vier Wochen nicht wieder anschleppen.«

Im Zweifel ist Taktgefühl oft besser als zu viel Wahrheitsliebe.

Mit »Wahrheitsanpassungen« geschönte Absagen können auch in anderen Zusammenhängen empfehlenswert sein. Sie wollen nicht unnötig Gefühle verletzen oder vermeidbaren Streit vom Zaun brechen wie zum Beispiel in folgendem Fall:

»Nein, Mutter, dieses Jahr können wir Weihnachten nicht zu euch kommen. Thomas hatte in den letzten Wochen so viel Stress in der Firma, dass er einfach nur seine Ruhe haben will. So fertig, wie er im Moment ist, wird er die Feiertage vermutlich durchschlafen.«

Die Wahrheit wäre gewesen: »Wir haben einfach keine Lust mehr auf die sentimentale Veranstaltung in überheizten Räumen, voll gestopft mit Gänsebraten und Rotkohl, voll gequatscht von Schwager Dieters blödsinnigen Politiktheorien und genervt von deiner dauernden Frage: Wann bekomme ich denn mal ein Enkelchen von euch?«

Das muss man so nicht sagen!

Manchmal ist es gut, ein Nein zu begründen, damit man nicht in der Zukunft immer wieder erneut gefragt wird und sich immer neue Ausreden einfallen lassen muss. Dann ist es oft besser, sich einmal zu überwinden und offen, aber taktvoll zu sagen, warum man etwas nicht möchte. Schauen Sie sich den folgenden Fall an:

Der Bankangestellte Mirko Lennert klappt seine Mappe zu. Er hat den Kunden Dr. Wallenstein ausfürlich über günstige Investitionen beraten. Da sagt Dr. Wallenstein: »Wie ist es, Herr Lennert, kommen Sie am Wochenende mit Ihrer Frau auch zu meinem Gartenfest?«

Das ist heikel. Herr Lennert hat überhaupt keine Lust, dienstliche Kontakte in private Freundschaften zu verwandeln. Er mag Dr. Wallenstein gerne, allerdings weiß er auch, dass dieser eine gemütliche Plaudertasche ist. Mit ihm gibt es keine lockere Beziehung auf freundschaftlich-geschäftlicher Distanz mehr, wenn man einmal zu seinen Partygästen gehörte.

Herr Lennert weiß auch, dass ihm eine Ausrede jetzt nichts mehr nutzt. Schon mehrfach hat er sich mit angeblich eigenen Terminen herausgeredet, als Dr. Wallenstein ihn zum Golfen, zum Abi der Tochter, zur Einweihung der neuen Praxisräume und so weiter einlud.

Jetzt will er es endlich klarmachen und das Thema damit erledigen: »Tut mir Leid, Sie enttäuschen zu müssen. Aber haben Sie bitte Verständnis dafür, dass ich für meine Freizeit gerne Beruf und Privates trenne.« Damit es nicht zu hart klingt, kann er hinzufügen: »Aber wenn wir das nächste Mal einen Termin vereinbaren, dann sollten wir doch mal etwas mehr Zeit einplanen und anschließend noch gemütlich Kaffee trinken. Ich wollte Sie ohnehin gerne ein wenig nach Ihrer Nepalreise ausfragen. Das interessiert mich sehr.«

Mehr muss er dazu nicht sagen. Wenn Dr. Wallenstein auch nur ein wenig sensibel ist, dann wird er den Wunsch des Bankers respektieren, keine geschäftlichen Kontakte in private Beziehungen zu übernehmen. Wenn nicht, dann wäre Dr. Wallenstein ohnehin kein Zeitgenosse, mit dem man sich zu nahe anfreunden sollte.

In solchen Fällen, wo Sie wiederholt einer Person gegenüber Ausreden gebrauchen, um ein Nein zu begründen, bereiten Sie sich am besten einmal auf ein grundsätzliches Nein vor. Lassen Sie sich beraten, ob Ihre Begründung diplomatisch und deutlich genug klingt und tatsächlich das leidige Problem dauerhaft löst.

Sie brauchen dann nur noch auf den nächsten Anlass zu warten, um endlich die Botschaft zu vermitteln: »Ich will jetzt nicht und in Zukunft auch nicht. Bitte fragen Sie mich das nicht mehr.«

Auch in diesen Fällen geht es bei der Begründung nicht darum, dass Sie sich rechtfertigen! Sie bleiben selbstbewusst bei Ihrer souveränen Entscheidung. Mit der Begründung wollen **Lieber einmal ein klares Wort als ständig neue Ausreden.** Sie lediglich um Verständnis werben. Falls die andere Person sich weigert, Sie zu verstehen, muss sie trotzdem akzeptieren, dass Sie das Recht auf Ihre Entscheidung haben.

Wenn zum Beispiel Dr. Wallenstein so hartnäckig ist, mit Herrn Lennert diskutieren zu wollen, dann darf Herr Lennert auch mit sehr klaren Worten diese Diskussion abbrechen.

»Aber Herr Lennert, das kann man doch nicht so streng trennen. Man sieht sich doch ohnehin jeden Sonntag vor der Kirche. Ach seien Sie nicht so. Meine Frau würde sich riesig freuen.«

»Nein, Herr Dr. Wallenstein. Bitte respektieren Sie meine Entscheidung.«

Auch wenn Sie als Führungskraft einem Mitarbeiter einen abschlägigen Bescheid geben wollen, kann es gut sein, einen Grund zu nennen.

»Nein, Frau Dohle, leider kann ich Ihren befristeten Arbeitsvertrag nicht in einen unbefristeten übernehmen. Wir haben einen strikten Einstellungsstopp.« In diesem Fall sollte der Chef allerdings der enttäuschten Frau Dohle möglichst auch einen Lichtblick mitgeben. »Wenn es um Ihre Leistungen ginge, hätte ich Sie gerne eingestellt. Sie werden natürlich auch ein gutes Zeugnis bekommen. Sie bekommen natürlich auch frei, wenn Sie zu einem Vorstellungstermin gehen möchten.«

Falsch wäre es, das enttäuschende Nein mit vagen Versprechungen versüßen zu wollen. Das macht es im Moment vielleicht leichter, führt jedoch später zu noch **Falsche Versprechen aus Mitleid** größerer Enttäuschung. Das ist dem Mit- **sind unfair.** arbeiter gegenüber unfair. »Zu Weihnachten steigt der Umsatz ja vielleicht wieder oder jemand geht in Mutterschaftsurlaub. Da lässt sich bestimmt eine neue Stelle für Sie finden, Frau Dohle.«

Der Abteilungsleiter Herr Block will seinem Mitarbeiter Herrn Müller sagen, dass er nicht zum Projektleiter für den nächsten Messeauftritt bestimmt wird: »Herr Müller, ich werde Ihnen die Leitung des Projektes nicht übertragen. Wie Sie wissen, halte ich sehr viel von Ihrer fachlichen Kompetenz und auch von Ihrer Erfahrung. In der Projektleitung allerdings müssten Sie Führungsverantwortung übernehmen. Tut mir Leid, Herr Müller, aber nach Ihren wiederholten Konflikten mit den Kollegen bezweifle ich, dass Sie es schaffen, ein motiviertes Team aufzubauen und zum Ziel zu steuern.«

Der Chef kann sich zu einem anderen Termin noch einmal in Ruhe mit Herrn Müller hinsetzen und mit ihm reden. Er kann ihm Wege aufzeigen, an seiner sozialen Kompetenz zu arbeiten oder sich durch Seminare für Führungsaufgaben fit zu machen. Jetzt geht es nur um die Botschaft: »Nein, Sie werden nicht Projektleiter und zwar aus Gründen, die ich Ihnen bewusst so offen nenne.«

Für Ihr selbstbewusstes Nein ist es in den meisten Fällen klüger, gar nicht zu begründen. Damit machen Sie anderen Menschen deutlich, dass Sie sich nicht schuldig fühlen und auch nicht um deren Verständnis buhlen. In vielen Fällen ist es jedoch besser, wenn Sie einen Grund für Ihr Nein nennen. In manchen Fällen begründen Sie aus Taktgefühl, in anderen aus pädagogischen Gründen, in wiederum anderen Fällen, um nicht launisch zu wirken oder weil Sie wissen, dass man für Ihre Gründe Verständnis hat. Aber auch mit Begründung muss Ihr Selbstbewusstsein deutlich werden. Achten Sie auf Ihre feste Stimme, betteln Sie nicht um Verständnis und lassen Sie sich nicht in Wortgefechte verwickeln, die nur ein Ziel haben: Sie sollen Ihr Nein zurücknehmen. Das tun Sie nicht!

»Frau Sonntag, ich komme gar nicht mit der Arbeit nach. Können Sie heute die Ablage für mich erledigen?«

Frau Sonntag denkt: »Faule Kollegin! Sie waren mehr als eine Stunde in der Mittagspause. Außerdem haben Sie wieder endlos mit Ihrem neuen Freund am Telefon geschäkert. Und überhaupt haben Sie mir letzte Woche mit den Präsentationen auch nicht geholfen! Ich denke gar nicht daran, für Sie den Aufräumer zu machen!«

Frau Sonntag sagt: »Nein, das geht leider nicht. Ich erwarte Besuch und muss pünktlich gehen.«

»Aber ich habe noch so viel zu tun!«

»Ja, das glaube ich. Aber mir geht es auch nicht besser. Ich habe mir kaum die Mittagspause gegönnt.«

Wenn die Kollegin nicht sehr dickfellig ist, weiß sie, welche unterschwellige Botschaft darin steckte, und drängt nicht weiter. Sie wird sich hoffentlich einmal überlegen, wie sie ihr Verhalten so ändern muss, damit die Kollegin in Zukunft mehr Entgegenkommen zeigt.

Vielleicht versucht sie aber doch noch einen Anlauf: »Bitte, Frau Sonntag, machen Sie die Ablage, bitte. Ich muss noch das Gutachten schreiben und die Abrechnungen erledigen. Seien Sie so gut, bitte.«

Jetzt sollte Frau Sonntag mit ein paar offenen Worten ihre Absage wahrheitsgemäß begründen: »Nein, tut mir Leid. Ich bin sehr dafür, dass wir uns unter Kolleginnen aushelfen. Ich mag aber nicht die Dumme sein, die am Abend für Sie mitarbeitet, nachdem Sie während des Tages ganz offensichtlich reichlich Zeit für Privates hatten. Und wenn wir schon bei dem Thema sind: Dass Sie mir letzte Woche mit der Präsentation nicht geholfen haben, hat mich auch enttäuscht.«

Wenn die gute Frau Sonntag nun doch noch die Ablage übernimmt, macht sie einen taktischen Fehler. Die Kollegin wird erst einmal erschrocken über die offenen Worte sein, dann aber denken: »Das tut ihr jetzt schon Leid, mich so angemotzt zu haben. Damit ich nicht sauer bin, macht sie nun sogar die Ablage.«Kein Wunder, wenn in der weiteren Zusammenarbeit die Kollegin immer fordernder wird und sich bei Frau Sonntag das deprimierende Gefühl einschleicht: »Ich habe sie so oft um mehr Teamgeist gebeten, aber das nutzt bei der nichts.«

Wenn Sie einmal in schmerzlicher Offenheit einem anderen Menschen sagen müssen, was Ihre Gründe sind, dann müssen Sie es auch aushalten, dass der andere erst einmal beleidigt reagiert. Im obigen Fall würde die faule Kollegin zum Beispiel sagen: »Meine Güte, sind Sie nachtragend! Natürlich hätte ich **Halten Sie es aus, wenn andere erst einmal beleidigt sind. Das vergeht auch wieder.** Ihnen mit der Präsentation geholfen, aber mein eigener Schreibtisch war an dem Tag übervoll. Ich finde, wir sollten hier nicht pingelig jeden Handschlag aufrechnen. Aber bitte sehr, dann mache ich meine Ablage eben selber.«

Jetzt darf Frau Sonntag keinen Rückzieher machen!

Falsch: »Na ja, okay, ich mach es ja schon.«

Richtig: »Okay, wie reden am besten morgen mal bei einer Tasse Kaffee in Ruhe über unsere zukünftige Zusammenarbeit. Tschüss!« Das kommt als selbstbewusste Haltung bei der Kollegin an! Die wird über Nacht mit Sicherheit darüber nachdenken, was sie ändern muss.

So sagen Sie nein zu Ihrem Chef

Ihrem Vorgesetzten gegenüber sind Sie – wenn es um Ihre Arbeit geht – Rechenschaft schuldig. Sie können einen Auftrag nicht einfach mit unbegründetem Nein ablehnen. Das wollen Sie ja auch gar nicht. Sie wollen mit Ihrem Chef oder mit Ihrer Chefin harmonisch zusammenarbeiten. Sie wollen ein Klima des Vertrauens und Sie sind leistungsbereit. Das weiß Ihr Chef ja auch von Ihnen.

Leider machen manche Mitarbeiter in der Kommunikation mit ihren Vorgesetzten folgende Fehler:

> ➤ Ja sagen, auch wenn das Verlangte
> gar nicht möglich ist

Manche Mitarbeiter meinen, sie müssten grundsätzlich zustimmen, wenn sie Aufgaben vom Chef zugeteilt bekommen. Das ist natürlich nur dann richtig, wenn es überhaupt noch in den Zeitrahmen passt oder wenn die notwendigen Ressourcen zur Verfügung stehen.

Auf keinen Fall dürfen Sie einfach ja sagen, wenn Sie schon wissen, dass Sie die Arbeit gar nicht erledigen können. Bedenken Sie in dem Zusammenhang bitte, dass viele Chefs keine Ahnung haben, wie viel ihre Mitarbeiter bereits erledigen müssen. Sie haben oft auch keine Ahnung, wie aufwändig manche Aufgaben sind.

Ihr Chef geht davon aus, dass Sie es ihm sagen, wenn Sie die Arbeit nicht schaffen.

Ein Chef wird zu Recht sehr erbost sein, wenn der Mitarbeiter ja zu einer Aufgabe sagt und dann später eingestehen muss: »Die Zeit hat leider nicht gereicht« oder »Mir fehlten die notwendigen Unterlagen und Werkzeuge.«

Der Chef kommt zur Sekretärin an den Tisch und sagt: »Machen Sie bitte dieses Schreiben für den Kunden noch fertig.« Die Sekretärin weiß jetzt schon nicht, wie sie all die unerledigte Arbeit schaffen soll. Sie versucht abzuwehren: »Das geht nicht. Heute kriege ich das nicht mehr hin.« Darauf erwidert der Chef: »Das muss aber heute noch raus. Ich habe dem Kunden fest zugesagt, dass er es zumindest als E-Mail heute noch bekommt.« Verzweifelt nimmt die Sekretärin die Mappe an und sagt stöhnend: »Ja, ist gut.«

Was soll der Chef davon halten? Er denkt jetzt, dass es natürlich kein Problem ist, heute noch das Schreiben zu erledigen. Leider ist er mit einer unmotivierten Sekretärin geschlagen, die immer erst einmal mit Nein reagiert, bevor sie sich bequemt. Das nervt!

Damit tut er seiner völlig überlasteten Sekretärin Unrecht. Aber das kann er nicht wissen. Er sieht nur: Zuerst sagt sie nein. Dann sagt sie ja. Und siehe da, es geht!

➤ Dem Chef bis ins Detail erklären, was zu tun ist

Der Chef spricht seinen Assistenten an: »Laden Sie bitte die Außendienstler zu einer Teamsitzung ein.« Der Assistent hat schon mehr als genug zu tun und sieht keine Möglichkeit, die fünfzehn Damen und Herren alle in absehbarer Zeit zu einem gemeinsamen Termin an einen Tisch bringen zu können. Er **Ihr Chef will Ergebnisse und** versucht, seinem Chef das Problem zu **keine Detailerklärungen.** schildern: »Das werde ich kaum schaffen. Ich muss ja noch die Messevorbereitungen machen. Da fehlen bis heute die Prospekte und die Mappen für Standbesucher. Außerdem bekomme ich so schnell die Außendienstler gar nicht zu fassen. Ich muss ja hinter jedem hertelefonieren. Die haben doch alle ihre Kundentermine fest. Wenn ich den einen für Montag bekomme, dann kann der andere nur am Dienstag. Und dann muss ich sehen, ob ich den Konferenzraum reservieren kann. Frau Maier, die die Räume vergibt, will immer schon eine Woche vorher wissen, wer wann welchen Raum braucht. Aber das kann ich ihr ja erst sagen, wenn ich weiß, wann die Außendienstler alle gleichzeitig verfügbar sind. Deshalb ...«

Kein Chef kann oder will sich das anhören. Vermutlich wird der Redeschwall des Assistenten kurzerhand unterbrochen: »Sie machen das schon.« Der Assistent ist verzweifelt. Er hat versucht, dem Chef klarzumachen, warum er dessen Auftrag nicht erfüllen kann. Aber der hört einfach nicht zu!

Der Chef bittet die Sekretärin: »Können Sie heute etwas länger bleiben? Ich erwarte noch den Kunden Wandrich mit seinem Notar.« Die Sekretärin zuckt zusammen. Ausgerechnet heute! Sie hat mit ihrer Tochter einen dringenden Termin beim Ohrenarzt. Das sagt sie leider nicht klar und deutlich. Sie sagt: »Ist es unbedingt nötig, dass ich dabei bin? Es passt mir eigentlich nicht so gut.« Kein Chef kommt auf die Idee, darauf zu sagen: »Nein, es ist nicht wirklich nötig. Es ging mir nur so als Vorschlag durch den Kopf.« Stattdessen wird er seine ursprüngliche Frage noch verstärken: »Ich muss Sie in diesem Fall doch sehr bitten, einmal im Interesse des Unternehmens Ihre privaten Termine zurückzustellen. Dieser Kunde wird uns einen der größten Aufträge des Quartals verschaffen!«

Hätte die Sekretärin klargemacht: »Ich muss heute leider pünktlich gehen. Meine Tochter ist beim Arzt angemeldet. Der Termin ist wegen ihrer Beschwerden nicht aufschiebbar«, dann hätte der Chef auf jeden Fall Verständnis gezeigt und vielleicht gesagt: »Fragen Sie doch bitte Frau Lendzian oder Frau Schröder, ob die für mich Zeit haben.«

Ihr Chef muss sich darauf verlassen können, dass Sie sich grundsätzlich immer engagiert dafür einsetzen, Ihren Job perfekt zu erledigen und damit an seinem Erfolg mitzuarbeiten. Auf keinen Fall dürfen Sie Ihren Chef dadurch in Schwierigkeiten bringen, dass Sie zuerst die Erledigung einer Aufgabe **Klare Kommunikation ist die Basis einer guten Zusammenarbeit mit dem Chef.** zusagen und sie dann aber doch nicht schaffen. Sie dürfen es ihm auch nicht antun, vor ihm immer brav ja zu sagen, um sich anschließend hinter seinem Rücken darüber zu beklagen, dass er Sie mit zu viel Arbeit überhäuft. Auch Ihrem Chef gegenüber dürfen und müssen Sie nein sagen lernen. Wichtig ist dabei Ihre Begründung und möglichst Ihr Angebot, das eventuell entstehende Problem doch noch zu lösen. Schauen Sie sich die folgenden Beispiele an:

Frau Dreimann ist Abteilungsleiterin einer Softwarefirma. Sie bittet ihre Mitarbeiterin Frau Janssen, dem neuen Kunden das System am Wochenende zu installieren. Am Wochenende hat Frau Janssen allerdings ihre Schwiegereltern zu Besuch. Sie sagt: »Nein, an diesem Wochenende kann ich das nicht machen. Ich habe privat etwas geplant, was nicht zu verschieben ist. Soll ich den Kunden anrufen und mit ihm einen anderen Termin ausmachen?« Sie hätte auch anbieten können: »Soll ich Herrn Winkler bitten? Dann würde ich für ihn die Installation nächste Woche bei seinem Kunden übernehmen.«

Bei einem persönlich guten Arbeitsverhältnis hätte Frau Janssen auch offen sagen können: »Meine Schwiegereltern sind zu Besuch bei uns. Deshalb bin ich am Wochenende nicht frei.« Die Chefin hätte vermutlich dafür Verständnis und könnte zum Beispiel anbieten: »Wenn Sie trotzdem am Samstagnachmittag für die drei Stunden zum Kunden rausfahren, dann spendiere ich Ihnen und Ihrem Mann mit seinen Eltern ein schönes Abendessen in einem Restaurant Ihrer Wahl. Ist das ein Angebot?«

Wenn Frau Janssen jedoch weiß, dass die Chefin gnadenlos davon ausgeht, dass sie immer wieder rücksichtslos und kurzfristig die Freizeit ihrer Mitarbeiter verplanen darf, dann sollte sie nicht preisgeben, was sie am Wochenende vorhat. Außerdem sollte sie einmal grundsätzlich über das Thema mit Ihrer Vorgesetzten sprechen.

Der Hotelbesitzer Lohmann ruft seine Mitarbeiterin Frau Schneider ins Büro: »Frau Schneider, Sie wissen, dass die Geschäfte schlecht gehen. Ich muss leider auch bei den Personalkosten sparen. Sie werden in Zukunft bitte auch die Lobby morgens putzen und nachmittags im Konferenzbereich mithelfen.« Frau Schneider hat jedoch schon mit ihren 35 Zimmern mehr als genug zu tun. Sie kann unmöglich noch mehr schaffen. »Das würde ich gerne tun, Herr Lohmann, aber das ist zu viel.« »Es muss sein.« »Dann wird das aber nicht gründlich sauber.« »Selbstverständlich werden Sie gründlich putzen!«

Dazu kann Frau Lohmann nur sagen: »Ich halte das nicht für möglich. Aber ich tue, was ich kann.« Sie wird ihr Bestes geben und notfalls den Chef halt erleben lassen, was realistisch ist und was nicht.

Der Chef spricht seine Sekretärin an: »Frau Wander, machen Sie bitte heute noch das Gutachten fertig.« »Das wird nicht gehen. Ich habe noch den Bericht für das Labor zu machen.« »Das Gutachten muss heute raus.« »Gut, dann mache ich den Bericht morgen gleich als Erstes. Ist das in Ordnung?« »Natürlich nicht, aber wenn Sie sagen, dass es anders nicht geht, muss es wohl so sein.«

Auch wenn Ihr Chef am liebsten immer ja von Ihnen hören möchte: Was nicht geht, geht nicht. Das weiß Ihr Chef ja selbst. Es darf nur niemals der Eindruck entstehen, dass Sie sich stur stellen, wenn es doch noch möglich wäre bei einigem **Ihr Chef muss Ihr Bemühen glauben, dann glaubt er auch Ihrem Nein.** Engagement. Wenn der Chef Ihnen glaubt, dass Sie niemals leichtfertig nein sagen, wird er auch Verständnis haben für das, was Sie leider ablehnen müssen. Vielleicht geht es Ihnen so ähnlich wie der Sekretärin im folgenden Beispiel?

Bärbel Dorin hat keine Hoffnung mehr, mit ihren Problemen ins Bewusstsein des Chefs vorzudringen. Seit zwei Jahren arbeitet sie für Jochen Schneider. In der Zeit hat sie wohl schon hundert Mal versucht, ihm klarzumachen, dass die Abrechnungen der Dienstreisen nicht von jetzt auf gleich zu machen sind, dass er bitte nicht immer kurz vor Feierabend mit dringender Korrespondenz ankommen soll, dass er sich vor Kundenbesuchen mit ihr abzusprechen hat und so weiter und so fort.

Heute war wieder so ein Fall. Um halb fünf stand er neben ihr und wollte unbedingt, dass sie noch schnell die Zahlen der Großkunden für diesen Monat zusammenstellt.

»Nein, das geht nicht. Die Zahlen sind schon bei Frau Czerny in der Buchhaltung.«

»Besorgen Sie sie.«

»Frau Czerny ist nur bis Mittag da.«

»Das kann doch nicht sein! Ich muss die Zahlen haben!«

»Sie bekommen doch jeden Dienstag die Aufbereitung von Frau Czerny.«

»Dienstag! Ist das hier ein Beamtenladen? Ich kann doch nicht mit dem Material von vorgestern ins Meeting! Es muss Ihnen doch möglich sein, mir die aktuellen Zahlen zu verschaffen!«

An dieser Stelle hatte Frau Dorin mindestens zum hundertundeinsten Mal versucht, dem Chef klarzumachen, was machbar war und was nicht. Keine Chance!

»Der Mann kann einfach nicht zuhören«, beklagt sie sich bei ihrer Kollegin Helga Gertig.

»Du musst ihm das mal in aller Ruhe erklären.«

»Wie denn? Der rennt doch immer raus, wenn ich noch nicht mal zu Ende gesprochen habe.«

Haben Sie auch einen solchen Chef? Meistens klappt die Zusammenarbeit mit ihm ganz wunderbar. Aber immer wieder kommt es vor, dass er plötzlich bei Ihnen auftaucht und Unmögliches verlangt. Ihr Nein will er nicht hören. Wie mit dem Kopf durch die Wand muss sein Wille durchgesetzt werden.

Die Geduld, sich von Ihnen vernünftig erklären zu lassen, was geht und was nicht, hat er nicht. Er ist nur ärgerlich und womöglich sogar unfair Ihnen gegenüber. Irgendwann haben Sie die Wahrnehmung »Schon hundert Mal habe ich versucht, ihm das klarzumachen. Der hört einfach nicht zu!«

Der Fehler von Frau Dorin im obigen Beispiel liegt darin, dass sie ihren Chef zum falschen Zeitpunkt anspricht. Wenn er neben ihr steht und jetzt etwas braucht, dann sind seine Gedanken bei dem Thema, um das es für ihn im Moment geht. Wenn sein Anliegen erfüllt wird, ist es gut, und er kann weiterarbeiten. Wenn jedoch die Sekretärin nein sagt, kommt aus seiner Sicht Sand ins Getriebe seiner Aktivitäten.

Führen Sie ruhige Gespräche mit Ihrem Chef, wenn er den Kopf für grundsätzliche Vereinbarungen frei hat.

Sofort steigt in ihm der Stresshormonspiegel. Er wird kribbelig. Er muss unbedingt das, was gerade für ihn anliegt, doch noch in den Griff bekommen.

Während er noch darauf besteht, seine Anweisung sofort befolgt zu bekommen, rasen seine Gedanken schon weiter: Was kann er tun, wenn es tatsächlich nicht klappt? Soll er die Zahlen vom letzten Dienstag nehmen und dazu eine eigene Prognose entwickeln? Kann jemand am Computer von Frau Czerny nachsehen? Soll er Frau Czerny zu Hause anrufen und sie bitten, ihm zu helfen? – Eine Idee nach der anderen rast ihm durch die Hirnzellen und wird auf Brauchbarkeit geprüft.

Wenn ihm zu diesem Stress auch noch die Sekretärin mit ausführlichen Erklärungen zu irgendwelchen organisatorischen Details kommt, dann reißt ihm einfach der Geduldsfaden.

Was Sie jetzt für sich tun können:

Sollten Sie einen Chef haben, bei dem Ihnen ähnliche Situationen passieren, dann gehen Sie bitte einmal die Sache anders als bisher an. Machen Sie sich bewusst, dass er im akuten Fall, wenn er Unmögliches von Ihnen verlangt, nicht offen ist für irgendwelche Grundsatzdiskussionen. In dieser Situation müssen Sie ihm einfach nur schnell mit einer Lösung helfen.

Aber: Wenn sich solche Vorkommnisse wiederholt abspielen, dann sollten Sie zu diesem Thema einmal ein ruhiges Gespräch mit ihm suchen. Dieses Gespräch sollte von Ihnen durchdacht und gut vorbereitet geführt werden. Gehen Sie dabei wie folgt vor:

1. Greifen Sie zwei bis drei Beispiele aus der letzten Zeit heraus.
   Was war daran problematisch?
   Wie hätte es besser geregelt werden können?

2. Entwickeln Sie Vorschläge für den Chef.
   Wie können ähnliche Probleme in Zukunft vermieden werden?
   Welche Absprachen sollten Sie treffen?

3. Machen Sie mit Ihrem Chef einen Gesprächstermin aus.
   Bestehen Sie darauf, dass das Gespräch ungestört bleibt und nicht zwischen Tür und Angel stattfindet.

4. Gehen Sie mit partnerschaftlicher Einstellung in das Gespräch.
   Machen Sie sich Ihre Position als kompetente Fachkraft bewusst.
   Sie kommen nicht als Bittstellerin und nicht als Dienstbotin des Chefs. Sie sind die intelligente Persönlichkeit, die darüber nachgedacht hat, wie Sie beide in Zukunft Ihr Teamworking noch besser meistern!
   Sehen Sie Ihren Chef als Ihren »Job-Partner«.

Machen Sie ihm keine Vorwürfe. Weisen Sie ihm nicht nach, dass sein bisheriges Verhalten falsch ist. Machen Sie ihn nicht zur Ursache der bisherigen Probleme. Ihr Chef ist die intelligente Persönlichkeit, die durch Erfolg dafür sorgt, dass Ihrer beider Arbeitsplätze dauerhaft gesichert bleiben! Und dabei wollen Sie ihn in Zukunft noch besser unterstützen.

5. Führen Sie das Gespräch nach klarem Konzept.
Nehmen Sie dazu gerne Ihre schriftlichen Vorbereitungen mit.
Das Gespräch sollten Sie in sieben Phasen führen:
  – Positiver Einstieg
  – Sofort zum Thema kommen
  – Klären der Sachlage
  – Ihr Vorschlag
  – Seine Ideen
  – Feste Abmachung
  – Positiver Schluss

Im obigen Beispiel hätte Frau Dorint das Gespräch wie folgt führen können:

1. Positiver Einstieg
»Danke, Herr Schneider, dass Sie sich die Zeit für mein Anliegen nehmen.«
  »Na, was haben Sie denn auf dem Herzen?«

2. Sofort zum Thema kommen
»Ich habe mir Gedanken gemacht, wie wir die Zusammenarbeit an einigen Stellen effizienter gestalten könnten. Da würde ich gerne Ihre Meinung zu ein paar Ideen von mir hören.«
  »Dann legen Sie mal los.«

3. Klären der Sachlage

»Ich greife zwei Beispiele heraus. Letzten Donnerstag brauchten Sie die aktuellen Zahlen zu den Großkunden. Es hat mich auch geärgert, Ihnen nicht so helfen zu können, wie Sie das gebraucht hätten. Ein anderes Beispiel war am Montag, als der Vorstand Sie sprechen wollte und ich nicht wusste, wo Sie gerade waren.«

An dieser Stelle darf erst mal der Chef etwas sagen. Vielleicht hat er erwartet, dass Frau Dorin sich beklagen oder ihm gar Vorwürfe machen will. Erfreut stellt er fest, dass dem nicht so ist. Er wird vielleicht ein wenig über die lästige Bürokratie meckern oder die Sache mit seiner Unauffindbarkeit herunterspielen.

Frau Dorin sollte inhaltlich gar nicht darauf einsteigen. Sie sollte, wenn er seinen »Dampf abgelassen« hat, mit der nächsten Gesprächsphase fortfahren.

4. Ihr Vorschlag

»Mein Vorschlag, Herr Schneider, ist der, dass wir uns jeden Morgen kurz zusammensetzen und abklären, was am Tag vermutlich anliegen wird. Dann werde ich mich darauf einstellen. Zum Beispiel kann ich bis Mittag die neuesten Zahlen von Frau Czerny haben. Oder ich weiß dann, bei welchen Kunden Sie sind, wenn der Vorstand oder sonst wer Sie sucht.«

5. Seine Ideen

»Woher soll ich denn immer so genau wissen, was auf mich zukommt? Die meisten Kunden rufen ohne Anmeldung an und wollen dann sofort, dass ich mich kümmere.«

»Das stimmt. Perfekt werden wir nie den Tag planen können. Aber wenn wir einige Dinge gleich morgens klären, dann wäre das meiner Meinung nach schon eine Erleichterung.«

»Ach, ich weiß nicht.«

»Herr Schneider, ich mache Ihnen einen Vorschlag: Wir probieren das die nächsten drei Wochen einfach aus. Wenn es klappt, machen wir damit weiter. Wenn es nicht klappt, denke ich mir eine neue Idee aus. Einverstanden?«

»Na gut. Wenn es Sie glücklich macht.«

6. Feste Abmachung

»Am besten komme ich morgens immer um acht Uhr mit dem Kaffee zu Ihnen rein, und wir besprechen in zehn Minuten, was Sache ist.«

»Sie kommen morgens zehn Minuten nach meinem Eintreffen rein. Man wird doch noch den Mantel ausziehen dürfen! Dann klären wir in fünf Minuten, was Sache ist.«

»Machen wir so.«

7. Positiver Schluss

Am humorvollen Ton ihres Chefs erkennt Frau Dorin, dass sie gewonnen hat. Sie geht mit dem Schlusssatz: »Sie werden sehen, meine Idee ist super!«

Versuchen Sie es auch einmal. Ihr Chef kann nicht konzentriert zuhören, wenn er gerade durch ein Nein bei einem akuten Anliegen unter Stress steht. Er wird Ihnen jedoch in Ruhe zuhören und gemeinsam mit Ihnen Lösungen erarbeiten, wenn Sie ihn in stressfreier Zeit ansprechen und dann auch gleich mit Vorschlägen erfreuen.

Ihr Chef will ja auch gut mit Ihnen zusammenarbeiten. Je besser es mit Ihnen beiden klappt, desto erfolgreicher ist auch er in seinem Job.

Wenn die anderen ein Nein nicht akzeptieren wollen

4

Rechnen Sie mit den Hartnäckigen

Die Menschen, die sich bisher auf Ihre Nettigkeit, Hilfsbereitschaft und Gefälligkeit verlassen konnten, legen natürlich keinen Wert darauf, dass Sie in Zukunft die Kunst des Neinsagens beherrschen. Die Kollegin, die abends pünktlich in den Feierabend geht und Ihnen die Erledigung der letzten Firmenpost überlässt, möchte, dass alles so bleibt wie bisher. Der Chef, der sich keine Gedanken um Krankheitsvertretungen macht, weil Sie bei Bedarf doppelte Arbeit leisten, will ebenfalls, dass sich nichts ändert.

Das, was Ihnen gut tut, was Sie entlastet und Ihnen mehr Freiräume gibt, wird vermutlich an manchen Stellen die bisherige Bequemlichkeit anderer Menschen stören. Rechnen Sie **Außer Ihnen selbst hat** nicht mit der Begeisterung Ihrer lieben **niemand ein Interesse daran,** Mitmenschen über Ihr neues Selbst- **dass Sie nein sagen können.** bewusstsein. Rechnen Sie lieber mit hartnäckigen Versuchen der anderen, Sie zurückzudrängen in die Rolle der oder des Nützlichen, Gefälligen, Verlässlichen und Dienstbeflissenen.

Vielleicht denkt die Kollegin beim ersten selbstbewussten Nein von Ihnen, Sie seien irgendwie schlecht gelaunt. Sie wird versuchen, Ihre »Laune« zu besänftigen, damit Sie doch noch tun, was in ihrem Sinne ist. Beim zweiten Mal denkt sie vielleicht, Sie hätten einen tiefen Groll und seien deshalb plötzlich so anders als bisher. Dann wird sie vermutlich versuchen, Ihre Zuneigung erneut zu gewinnen. Sie will wissen, warum Sie »beleidigt« reagieren. Sie wird fragen, was sie Ihnen denn getan hat.

Wenn Sie mit Ihrer Kollegin im Grunde ein gutes Verhältnis haben, dann sollten Sie mit ihr in Ruhe über Ihre Gründe für eine Änderung sprechen. Sagen Sie zum Beispiel:

»Ich weiß, dass es Sie überrascht, wenn ich neuerdings bestimmte Dinge ganz einfach ablehne zu erledigen. Ich habe mir in letzter Zeit darüber Gedanken gemacht, dass ich mich nicht damit wohl fühle, wie ich bisher stets allen gefällig zu sein versuchte. Ich habe meiner Meinung nach oft den Kürzeren gezogen, wenn an mir Arbeit hängen blieb, die eigentlich von anderen hätte erledigt werden müssen. Deshalb habe ich beschlossen, in Zukunft öfter mal nein zu sagen, wenn ich Gründe dafür habe.«

Sie können auch sagen:»Mir ist es im Laufe der Zeit einfach zu viel geworden, all das zu tun, was eigentlich gar nicht zu meinen Aufgaben gehört. Ich komme morgens früher und mache schon für alle den Kaffee fertig. Im Laufe des Tages bin ich immer diejenige, die die unangenehmen Kunden übernimmt. Und abends bin ich oft noch als Letzte im Büro und mache die Post fertig, die andere liegen lassen, weil sie wissen, dass ich mich darum kümmere.«

Sie können auch sagen:»Ich habe mit der Zeit das Gefühl bekommen, dass sich zu viele Leute hier auf meinen Arbeitseifer verlassen. Immer wieder landeten Unterlagen auf meinem Tisch, die gar nicht zu meinem Job gehören. Immer wieder habe ich meine privaten Termine verschoben, um in der Firma einen Engpass aufzufangen. Mir scheint, dass meine Hilfsbereitschaft von anderen inzwischen als selbstverständlich genommen wird. Das will ich so nicht mehr akzeptieren.«

Wenn andere so rücksichtslos waren, Ihre Freundlichkeit auszunutzen, dann dürfen Sie auch so offen sein zu sagen, dass damit Schluss ist.

Wenn Ihre Kollegin fair ist, wird sie selbst erkennen, dass Sie Recht haben. Sie wird Sie in Ihrem Bestreben, sich abzugrenzen, unterstützen. Vielleicht wird sie Sie auch um Ihren Mut beneiden. Das Problem, nicht nein sagen zu können, betrifft ja sehr viele Menschen. Wenn Sie Glück haben, tut sich Ihre

Kollegin mit Ihnen zusammen, und Sie bestärken sich gegenseitig im Aufbau eines gesunden Selbstbewusstseins gegenüber zu anspruchsvollen Kollegen, Chefs und Kunden.

Es kann allerdings auch passieren, dass die Kollegin eine ganz raffinierte Taktik zeigt. Sie wird Ihnen Recht geben und Ihnen gleichzeitig suggerieren oder sogar deutlich aussprechen: »Aber ich habe Sie doch nicht ausgenutzt, nicht wahr?« Sie hofft darauf, dass Sie keinen Konflikt wollen und sagen: »Nein, Sie nicht. Aber die anderen gehen oft wirklich zu weit mit ihren Ansprüchen an mich.« Damit sitzen Sie fast schon wieder in der »Falle«. Denn nun kann die Kollegin sagen: »Eben, weil ich ja nicht zu den Ausnutzern gehöre, können Sie doch jetzt für mich ...« Für Sie entsteht dadurch die unangenehme Situation, dass Sie entweder schon wieder von Ihrem Nein Abschied nehmen oder scheinbar die unschuldige Kollegin für die Ausnutzerei durch andere »bestrafen«.

Sie sollten sich wirklich gut überlegen, ob Sie überhaupt offen über Ihre neue Einstellung zu Ihrem Recht auf souveräne Entscheidung zwischen Ja oder Nein reden wollen. Wenn Sie rhetorisch nicht wirklich fit sind oder sich nicht auf die Fairness Ihrer Kollegen verlassen können, dann sagen Sie lieber nichts. Die Gefahr, in ein letztlich peinliches Wortgefecht gezogen zu werden, ist zu groß.

Am Ende stehen Sie in einer solchen Diskussion mit dem Rücken an der Wand und rechtfertigen sich dafür, dass Sie die Rolle der/des ständig Verfügbaren und Opferbereiten aufgeben **Niemand darf Sie in die Recht-** wollen. Das haben Sie wirklich nicht nö- **fertigungsecke drängen.** tig! Im Gegenteil: Die anderen sind es, die sich lieber dafür rechtfertigen sollten, warum sie Sie bisher so selbstverständlich für ihre Belange eingespannt haben.

Die Menschen, die sich bisher auf Ihre Gefälligkeit verlassen haben, werden vermutlich drei mögliche Ursachen wittern, wenn Sie überraschend nicht mehr dienstbeflissen auf deren Forderungen eingehen, sondern nein sagen:

> *Vermutung:* Sie haben im Moment schlechte Laune

Man wird Sie vielleicht fragen: »Ist dir eine Laus über die Leber gelaufen?«, »Geht's dir nicht gut?«, »Haben Sie etwas?«, »Sind Sie noch böse wegen der Sache von gestern?«

Streiten Sie auf keinen Fall vehement ab, schlecht gelaunt zu sein. Denn das würde sofort als Beweis für eine tatsächliche Laune angesehen werden. Sagen Sie zum Beispiel:

Es kann Ihnen egal sein, ob man Sie für launisch hält. Wichtig ist, dass man nicht mehr über Sie verfügen kann.

»Nein, mir geht's gut. Ich möchte nur nicht dieses Gutachten für Sie schreiben.«

Sie dürfen gerne auch mit einem freundlichen Lächeln, aber dennoch provokativ fragen: »Meinen Sie, meine Stimmung hebt sich, wenn ich für Sie ... tue?«

Wichtig ist, dass Sie eisern bei Ihrem Nein bleiben. Lassen Sie sich nicht von dem subtilen Vorwurf einschüchtern, ein launischer Mensch zu sein. Und wenn schon! Selbst wenn Sie launisch wären, ginge das die anderen nichts an.

> *Vermutung:* Sie tragen einen tieferen Groll in sich

Man fragt Sie vielleicht: »Bist du sauer auf mich?«, »Habe ich was getan oder gesagt, was Sie verletzt hat?«

Es kann wirklich die Sorge dahinter stehen, Ihnen Unrecht getan zu haben. Sagen Sie deshalb ganz klar: »Nein. Ich bin nicht sauer. Dennoch will ich heute auch pünktlich in den Feierabend.« Sie können auch sagen: »Nein, Sie haben mich nicht verärgert. Ich habe einen anderen Grund, Ihnen den Wunsch nach ... abzuschlagen.«

Wichtig ist, dass Sie sich nicht auf endlose Diskussionen einlassen. Kommen Sie sofort auf das eigentliche Anliegen zurück, zu dem Sie soeben nein gesagt haben.

Sie wollen schließlich nicht in eine Diskussion geraten wie Bettina Kroll im folgenden Beispiel:

»Bettina, kannst du morgen meinen Frühdienst übernehmen?«

»Nein, geht leider nicht.«

»Warum nicht?« Herrn Brunners Stimme klingt überrascht. Mit einer Ablehnung hat er überhaupt nicht gerechnet.

Frau Kroll schaut ihn kurz an. »Wie, warum nicht?«

Jürgen Brunner kommt an ihren Schreibtisch. Er schaut auf Bettina runter und fragt mit besorgtem Unterton: »Bist du sauer auf mich?«

»Ich? Sauer? Nee. Wie kommst du darauf?«

»Ich dachte, weil ich dir gestern im Meeting widersprochen habe.«

»Du hast doch das Recht, eine andere Meinung zu haben als ich. Deshalb bin ich doch nicht sauer.« Dennoch erinnert Bettina sich plötzlich wieder an ihren Ärger von gestern. Stimmt, der Kollege hat sie ganz schön hart angegriffen und ihren Standpunkt zerrissen. Sie spürt den Zorn von gestern wieder in sich aufsteigen. Mit ganz offensichtlich gereizter Stimme sagt sie nun: »Nein, ich bin nicht sauer. Vergiss es!«

Der Kollege zuckt die Achseln. »Dass du immer alles so persönlich nimmst!« Was er im Weggehen noch murmelt, hört sich an wie: »Mit Frauen kann man wirklich nicht sachlich diskutieren. Immer diese Empfindlichkeiten!«

Jetzt ist Bettina in der Tat sauer. Sie wollte selbstbewusst nein sagen und fühlt sich nun als eine von den Frauen bloßgestellt, die nach kontroversen Meetings tagelang beleidigt sind.

Klüger wäre folgende Reaktion gewesen:

»Bettina, kannst du morgen meinen Frühdienst übernehmen?«

»Nein, geht leider nicht.«

»Warum nicht?«

»Wie, warum nicht?«

Jürgen Brunner fragt mit besorgtem Unterton: »Bist du sauer
auf mich?«

»Nicht dass ich wüsste. Ich kann morgen halt nicht den
Frühdienst machen. Das ist alles.«

»Du musst doch einen Grund haben.«

»Ja natürlich.« Bettina versenkt sich wieder in die Unterlagen
auf ihrem Schreibtisch. Sie spürt, dass der Kollege auf eine Erklärung wartet. Sie schweigt eisern.

Schließlich macht er noch einmal einen Anlauf: »Oder bist
du noch sauer wegen gestern?«

»Okay, wenn es dir hilft, zu denken, dass ich sauer bin, dann
denk, dass ich sauer bin. Jürgen! Tu mir einen Gefallen: Glaub
mir, dass ich einen Grund habe, nein zu sagen.«

Merken Sie den Unterschied? Jetzt ist nicht Bettina Kroll die
»empfindliche Frau«, die noch nach Tagen beleidigt auf harte
Diskussionen reagiert. Jetzt ist Herr Brunner der »empfindliche Mann«, der Angst hat, dass die Kollegin auf ihn sauer ist.

Gut so! Wie kann er sich auch erdreisten, Rechenschaft zu
fordern, wenn Bettina nicht so beflissen ist, ihm zu Willen zu
sein? Er wird im Moment eingeschnappt sein. Langfristig wird
er die Kollegin viel mehr respektieren.

 *Vermutung:* Sie leiden unter privaten Problemen

Zunächst reagieren Kollegen oder Freunde in dem Fall sogar
sehr freundlich auf Ihr Nein. Man denkt, dass Sie vielleicht

Liebeskummer haben oder wegen irgendwelcher anderen Sorgen unter Stress stehen. Man nimmt zunächst Rücksicht und akzeptiert Ihr Nein. Beim zweiten Mal wird es schon weniger nett aufgenommen. Beim dritten Mal verlieren die anderen die Geduld. Es war einfach zu bequem, sich stets auf Ihre Gefälligkeit verlassen zu können. Den bequemen Zustand wollen Ihre Kollegen und Freunde wieder herstellen.

Beim obigen Beispiel von Bettina Kroll könnte sich die Sache so weiterentwickeln, dass nicht nur Jürgen Brunner enttäuscht ist. Die anderen Kollegen merken ebenfalls, dass Frau Kroll nicht mehr jederzeit ihre privaten Vorhaben im Interesse anderer verschiebt. Womöglich spekuliert man schon hinter vorgehaltener Hand: »Was ist denn mit Frau Kroll?« »Hat die einen Liebhaber?« »Wieso?« »Ich hab sie gestern gebeten, meine Schicht zu übernehmen, aber sie wollte nicht.« »Warum nicht?« »Das wollte sie mir nicht sagen.« »Das ist ja merkwürdig.« »Vielleicht trifft sie sich ja wirklich mit jemandem.« »Mit dem Schmidt aus der Produktion?« »Stimmt. Mit dem hat sie auf der Weihnachtsfeier ganz schön eng getanzt.« »Also, ich gönne ihr das.« »Ja, natürlich, ich auch. Man müsste mal nachsehen, ob der Schmidt gestern um die Zeit auch freihatte.«

Auch folgendes Gewisper wäre denkbar: »Hat die Kroll Probleme?« »Wieso meinen Sie?« »Ich habe sie gestern gebeten, meine Frühschicht zu übernehmen. Sie hat sich geweigert und wollte auch keinen Grund nennen.« »Bei Ihnen war sie auch so stur?« »Bei wem noch?« »Dem Meier hat sie einen Korb gegeben, als der sie wegen der Ablage gefragt hat.« »Komisch. Sonst war sie doch immer so flexibel.« »Es kann natürlich mit ihrer Tochter zu tun haben.« »Was ist denn mit der Tochter?« »Die ist dreizehn. Sie sieht sehr hübsch aus und ist ganz schön frühreif.« »Ach du meine Güte. Und dann die arme Frau Kroll als Alleinerziehende.« »Ja, das ist nicht einfach.«

Kennen Sie das? Papperlapapp ... Solche Geschichten entstehen irgendwie und unerklärlich aus dem Nichts.

Nehmen Sie es den Kollegen bitte nicht übel. Die Kollegen versuchen für sich eine Erklärung für Ihre Verhaltensänderung zu finden. Es muss doch einen Grund geben! Wenn man keinen Grund erkennt, wird halt spekuliert. Wenn Sie alleinstehend sind, dichtet man Ihnen eine neue Liebe an. Wenn Sie einen Partner haben, wird über Partnerschaftsprobleme spekuliert. Haben Sie Kinder, unterstellt man Erziehungsschwierigkeiten. Haben Sie keine Kinder, könnte man auf akuten Frust wegen Kinderlosigkeit schließen. Leben Sie zur Miete, denken die anderen an Stress mit dem Vermieter. Wohnen Sie im eigenen Haus, fragt man sich, ob Ihnen wohl die Schulden über den Kopf gewachsen sind. Besitzen Sie einen Hund, überlegt man, ob das Tier wohl krank ist. Haben Sie keinen Hund, fragt man sich, ob Sie für Ihre Nerven nicht doch ein Haustier anschaffen sollten.

Nur auf eine Idee kommen die lieben Kollegen nicht: »Frau Kroll hat gemerkt, dass ihre Hilfsbereitschaft leider zu oft ausgenutzt wurde. Das will sie nicht mehr haben.« Nein, den Gedanken möchten die Kollegen nicht so gerne denken.

Was im Berufsleben gilt, gilt natürlich auch privat. Wenn Ihre Nachbarin Sie schon zum dritten Mal in diesem Monat bittet, dass Sie ihre Kinder beaufsichtigen, dann vermutet sie hinter Ihrem Nein alles Mögliche, nur nicht: »Ich bin ganz schön dreist, andere so oft mit meinen Problemen zu belasten.«

Andere Menschen nehmen zu viel Gutmütigkeit sehr schnell als Selbstverständlichkeit.

Wenn Ihre Schwiegermutter schon wieder zum Wochenende kommen will, dann vermutet sie hinter Ihrem Nein eine Krise bei Ihnen. Sie denkt nicht: »Ich gehe meiner Schwiegertochter auf die Nerven. Ich bin zu oft da. Ich mische mich in ihre Haushaltsführung und Erziehung ein. Sie hat jetzt genug davon.«

Wie auch immer: Rechnen Sie nicht damit, dass die Leute, denen Sie es mit Ihrer Freundlichkeit bisher so bequem gemacht haben, Ihnen zu Ihrem gesteigerten Selbstbewusstsein gratulieren. Stellen Sie sich lieber darauf ein, dass die anderen in der ersten Zeit noch mit aller Macht versuchen werden, ihre Absagen als ein Problem bei Ihnen zu definieren. Das werden sie Sie auch spüren lassen. Rechnen Sie damit, dass Kollegen, Freunde und Angehörige Ihnen offen oder subtil die Botschaft zukommen lassen: »Mit dir stimmt etwas nicht!« Oder: »Hoffentlich werden Sie bald wieder vernünftig!«

Lassen Sie sich nicht verwirren. Mit Ihnen »stimmt es« endlich wieder sehr richtig, wenn Sie selbst entscheiden, wozu Sie ja und wozu Sie nein sagen. Sie sind sehr vernünftig, wenn Sie nicht auf Ihre Kosten andere so sehr mit Gefälligkeiten verwöhnen, dass die das schon für selbstverständlich nehmen! Wichtig für Ihren inneren Frieden in der ersten Zeit des souveränen Neinsagens ist, dass Sie aufhören sich Sorgen zu machen: »Was denken die anderen jetzt von mir?«

Es ist nicht so wichtig, was andere von Ihnen denken. Wichtig ist, was Sie von den anderen halten.

Drehen Sie den Spieß um! Fragen Sie sich, was Sie eigentlich von den anderen denken! Wie finden Sie das, dass die anderen Sie ausnutzen, Ihnen die Arbeit liegen lassen, Sie um Unzumutbares bitten und dann noch nicht einmal ein Nein akzeptieren?

Was Sie jetzt für sich tun können:

Schreiben Sie die Namen der Personen auf, von denen Sie am meisten Widerstände gegen Ihr selbstbewusstes Nein erwarten. Schreiben Sie in einer Mußestunde einmal zu einem der Namen auf, was die betreffende Person wohl von Ihnen denkt, wenn Sie sie mit einem Nein überraschen. Legen Sie den Zettel dann ein paar Tage zur Seite.

Nach ein paar Tagen schreiben Sie wiederum in einer Mußestunde auf, was Sie eigentlich davon halten, wie die betreffende Person bisher mit Ihnen umgegangen ist. Lassen Sie den Zettel wiederum ein paar Tage liegen.

Nach ein paar Tagen nehmen Sie noch einmal den Zettel zur Hand. Schreiben Sie jetzt auf, welche Sorgen sich vermutlich die betreffende Person darüber macht, was Sie von ihr denken? Wahrscheinlich gar keine. – Wiederholen Sie das mit zwei oder drei weiteren Namen.

Mit hoher Wahrscheinlichkeit machen Sie sich viel mehr Gedanken um das, was andere von Ihnen halten, als dass umgekehrt andere sich bemühen, in Ihren Gedanken gut dazustehen. Es ist nämlich typisch für Menschen, die gerne hilfsbereit und gefällig sind, dass sie eigenen Ärger über die Dreistigkeit anderer verdrängen. Dafür wälzen sie sich womöglich nachts schlaflos im Bett bei der Vorstellung »Ob Herr Müller wohl böse auf mich ist?«, »Habe ich meine Schwiegermutter enttäuscht?«, »Mag Herr Brunner mich jetzt nicht mehr leiden?«.

Verlassen Sie sich darauf: Die Meiers, Schwiegermütter und Brunners in Ihrem Leben schlafen ganz hervorragend. Die wälzen sich nicht bei den Sorgen »Habe ich zu viel verlangt?«, »Bin ich zu bequem, mich um meine Sachen selbst zu kümmern?«, »Ist mein Verhalten aufdringlich?«, »Setze ich andere mit meinen Bitten unter Druck?«, »Bin ich ein Ausnutzer?«, »Hätte ich diese Forderung nicht stellen sollen?«.

Nehmen Sie sich ganz fest vor: »Nie wieder will ich mir selbst den Schlaf rauben mit Sorgen um mein Ansehen bei anderen, während diejenigen, die mich nerven, friedlich schlummern!«

Sie können gerne auch noch weiter gehen und sich vornehmen: »Täglich darf sich eine Person über mich ärgern, und ich schlafe trotzdem wunderbar!«

Machen Sie sich keine Sorgen um Ihre Beliebtheit. Sie werden auch weiterhin ein hilfsbereiter und netter Mensch sein. Sie haben ja gar nicht die Absicht, jetzt nur noch nein zu sagen und jede Hilfe oder Gefälligkeit abzulehnen. Sie wollen es ganz einfach selbst entscheiden – auch gegen den Widerstand der Hartnäckigen. Damit verschaffen Sie sich Respekt. Das steht Ihnen zu!

Durchschauen Sie die Techniken der Psychovampire

Vampire kennen Sie aus schaurigen Gruselgeschichten. Sie fliegen nachts herum und saugen ahnungslosen Schläfern das Blut aus. »Psychovampire« sind die Menschen, die uns durch raffinierte Argumente, traurige Augen, tiefes Seufzen, fiese Bemerkungen und andere Tricks die Kraft rauben, ihnen zu widerstehen. Sie machen uns hilflos, wo wir uns gegen ihre Zumutungen wehren sollten. Sie machen uns wortlos, wo wir nein sagen sollten. Sie zermürben uns, reden uns ein schlechtes Gewissen ein und setzen dabei ganz schön frech ihren Willen durch.

Im Büro klagt Frau Mobian so bemitleidenswert über ihre schwere Kopfschmerzen, dass Sie gar nicht anders können, als auch noch die Arbeit für sie zu erledigen. Zu Hause jammert der Ehemann so sehr über seinen Stress im Job, dass Sie ganz selbstverständlich die Kleinigkeit vergessen, ebenfalls den ganzen Tag gearbeitet zu haben. Selbstverständlich begeben Sie sich in die Küche und er sich mit Zeitung in den Sessel. Am Telefon weint die Freundin sich über ihre Probleme aus und hat natürlich kein Ohr für das, was Sie alles zu bewältigen haben.

Wenn das gelegentlich passiert, ist das völlig in Ordnung. Heute sinkt der Ehemann erschöpft auf die Couch, dafür kocht er Ihnen morgen das Abendessen, während Sie erst mal in Ruhe Kaffee trinken. Heute hat die Kollegin Kopfschmerzen, morgen macht sie Ihre Arbeit mit, damit Sie zum Zahnarzt gehen können. Heute heult sich die Freundin bei Ihnen aus, morgen hört sie Ihre Sorgen an und tröstet Sie.

Bei Psychovampiren gibt es keine Gegenseitigkeit. Denen geht es immer so schlecht, dass sie immer Ihre Hilfe brauchen und niemals Ihnen helfen können. Psycho- **Psychovampire nehmen keine** vampire gehen ganz selbstverständlich **Rücksicht auf Sie.** davon aus, dass Sie Ihre Kraft investieren, damit es ihnen gut geht. Psychovampire können überhaupt nicht begreifen, dass Sie wagen, nein zu sagen. Wenn ein Psychovampir Sie aussaugen will, dann haben Sie brav ja zu sagen. Falls nicht, wird eine der *acht folgenden* Techniken zum Einsatz gebracht.

> Appell an Mitleidsgefühle

Frau Windhorst bittet Frau Ewald, die letzten Kunden zu übernehmen. Die Kollegin lehnt ab: »Nein, das geht nicht. Ich habe selbst etwas vor.«

Frau Windhorst seufzt: »Wenn ich jetzt nicht mehr zum Einkaufen komme, habe ich für meine Kinder nichts zu essen im Haus.«

Frau Ewald sagt nichts dazu.

Frau Windhorst setzt noch einen drauf: »Ich beneide Sie. Als kinderlose Frau können Sie Ihre Freizeit genießen. Bei mir wird es nach Feierabend erst richtig stressig.«

Das reicht. Angela Ewald gibt klein bei: »Na gut, ich mach das hier noch fertig. Gehen Sie ruhig.«

»Sie sind ein Schatz!« Frau Windhorst stürmt davon.

Zu dieser Taktik gehören auch Formulierungen wie die folgenden:

»Willst du, dass Mutter darunter leidet?«

»Sie wissen, dass Frau Schneider im Moment auch noch persönliche Probleme hat?«

»Bitte nehmen Sie Rücksicht auf den neuen Kollegen.«

Beim Appell an Ihr Mitleid lässt der Psychovampir Ihnen die Wahl, Ihr Nein zurückzunehmen oder aber ein sehr hartherziger Mensch zu sein.

Der Chef tritt zu seinem Mitarbeiter Roland Schröder ins Büro. »Herr Schröder, dieser Kunde ist so wichtig, den möchte ich nicht irgendwem in die Betreuung geben. Sprechen Sie doch bitte wegen der Produktmängel bei ihm vor.«

Herr Schröder hasst es, dass ihm immer wieder die Problemfälle zugeschoben werden. Er hat dieses Mal nein gesagt, als der Chef ihn bat. Er versucht es noch einmal: »Ich kenne mich damit doch auch nicht aus.«

»Sie sind der Einzige hier, dem ich das zutraue. Sie wissen doch, wie ungeschickt die anderen sich manchmal anstellen. Sie haben das Problem mit dem Vorstand der Bank ja auch so gut gemeistert.«

»Na ja, aber ...«

»Danke, Herr Schröder! Ich wusste, dass Sie der Mann sind, auf den ich mich verlassen kann.«

Petra bekommt einen Anruf von ihrer Freundin Hanne. »Kannst du die Katze nehmen, während wir im Urlaub sind?«

»Nein. Ich will in der Zeit mein Training für das Sportabzeichen machen. Da bin ich ständig unterwegs.«

»Das verstehe ich gut. Aber das Problem ist halt, dass meine Minka zu dir Vertrauen hat. Du bist die Einzige, zu der sie auf den Schoß geht. Bei den anderen versteckt sie sich immer sofort.«

»Ja, ich mag deine Minka auch wirklich gerne. Aber es ist wirklich schwierig mit dem Training und so weiter.«

»Na klar. Doch nur bei dir habe ich halt die Sicherheit, dass du was von Rassekatzen verstehst.«

Es geht noch ein paarmal so hin und her. Schließlich wird Petra die Minka aufnehmen und dafür ihre Trainingspläne umstellen. Aber es ist halt doch ein gutes Gefühl, vor allen anderen von der Katze geliebt zu werden und Profi für diese Rassetiere zu sein.

Zu dieser Taktik gehören auch Formulierungen wie die folgenden:
»Du bist die Einzige, mit der ich darüber reden kann.«
»Sie haben die schnellere Auffassungsgabe. Deshalb sollten Sie das machen.«
»Bei Ihnen weiß ich diese heikle Aufgabe in den besten Händen.«

➤ Appell an das Verantwortungsbewusstsein

Janina Schneider hat dem Projektleiter den Wunsch abgelehnt, am Wochenende die Protokolle zu schreiben. Das sieht sie gar nicht ein. Immer arbeitet er auf den letzten Drücker und erwartet dann, dass sie unbezahlte Überstunden macht.

»Gut, Frau Schneider. Ich kann Sie natürlich nicht verpflichten. Sie wissen, was an diesem Projekt für die Firma hängt. Wenn es Ihnen egal ist, ob das Projekt pünktlich zum Ziel kommt, kann ich nichts machen.«

Natürlich ist es Janina nicht egal. Notgedrungen übernimmt sie die Unterlagen und wird halt das sonnige Wochenende am PC verbringen.

Zu dieser Taktik gehören auch Formulierungen wie die folgenden:
»Ich hoffe, Ihnen ist bewusst, was dieser Auftrag für Ihren Chef bedeutet.«
»Wenn dieser Brief heute nicht rausgeht, platzt vielleicht der Auftrag. Das sind dann eine Million!«
»Denken Sie bitte daran, dass die Eltern unserer Schüler sich darauf verlassen.«

»Du willst mir bei dieser Arbeit nicht helfen?« Vivian Bach schaut fassungslos auf ihre Kollegin Laura Nikuta.

Laura hat nein gesagt, weil sie selbst mit ihren unerledigten Aufgaben nicht nachkommt. Sie muss die Krankenvertretung für Herrn Wagner machen und weiß kaum, wo ihr der Kopf steht.

»Aber dass ich dir letzte Woche die ganze Abrechnung mitgemacht habe, das weißt du noch, oder?« Vivians Stimme klingt schnippisch.

»Versteh mich bitte. Ich möchte dir helfen. Aber es geht nicht! Ich komme heute mit meinen Sachen vor acht Uhr nicht zu Rande.«

»Na gut. Dann weiß ich für die Zukunft jedenfalls Bescheid.« Vivian dreht sich weg.

Laura ruft ihr nach: »Vivi, ich weiß, dass ich in deiner Schuld stehe. Ich werde dir auch wieder helfen, sobald ich bei mir selber Land sehe. Aber im Moment kann ich einfach nicht.«

»Ist schon gut, vergiss es.«

Diese Taktik ist besonders gemein. Damit kann man Sie leicht ins Unrecht setzen. Das dürfen Sie nicht mit sich machen lassen! Natürlich sollen Kollegen sich gegenseitig helfen. Das bedeutet jedoch nicht, dass Sie sich in eine Dankbarkeitspflicht nehmen lassen. Sie helfen, wenn es Ihnen **Psychovampire tun ihre guten** möglich ist. Sie bekommen Hilfe, wenn **Taten gerne aus Berechnung.** es den anderen möglich ist. Es darf aber nicht dazu kommen, dass andere Ihnen helfen und dann nach Belieben bei Ihnen die Gegenleistungen einklagen.

Im obigen Beispiel muss Laura hart bleiben. Wenn sie jetzt umknickt, wird sie in Zukunft immer wieder zum Spielball der Kollegin. Wahrscheinlich ist Vivian ohnehin nur im Moment enttäuscht. Morgen wird sie die Sache selbst schon wieder anders betrachten. Dann sieht sie ein, dass Laura nicht undankbar war, sondern selber überlastet. Falls sie weiterhin distanziert bleibt, sollte Laura mit dieser Kollegin in Zukunft sehr zurückhaltend umgehen. Es gehört nämlich zur Taktik mancher Zeitgenossen, dass sie gezielt anderen helfen, um daraus später für sich Kapital zu schlagen. Dann muss Laura notfalls mit harten Bandagen kämpfen und zum Beispiel sagen:

»Ich bitte dich, mir in Zukunft nicht mehr deine Hilfe aufzudrängen. Ich mag das nicht, wenn andere mich in eine Dankbarkeitsverpflichtung nehmen.«

➤ Moralische Erpressung

Moralische Erpressung kommt bevorzugt in familiären Beziehungen vor, wie das folgende Beispiel zeigt: Sabrina möchte am **Psychovampire wollen, dass Sie** liebsten den Hörer auflegen. Ihre Mutter **ein schlechtes Gewissen haben.** ist am Apparat. Sie will, dass sie auf den Urlaub mit ihrem neuen Freund verzichtet. Der Freund gefällt den Eltern nicht.

»Du kannst ihm doch sagen, dass du mit uns nach Dänemark fährst.«

»Nein, Mama. Ich will mit Fred verreisen.«

»Du weißt, was Papa von ihm hält.«

»Ja. Trotzdem.«

»Sabrina. Ich wollte es dir eigentlich nicht sagen. Aber nun ...«

»Was ist denn?«

»Papa war beim Internisten.«

»Ja?«

»Der Internist hat ihm eine Überweisung zum Kardiologen gegeben.«

»Was hat Papa?«

»Die Untersuchungen müssen ja noch gemacht werden. Aber wenn Papa sich jetzt wieder so aufregt wegen dir und diesem Fred, dann habe ich Angst, dass er einen Herzinfarkt bekommt.« Die Mutter weint.

Zu dieser Taktik gehören auch Formulierungen wie die folgenden:
»Dass Mutter nun Weihnachten allein bleibt, ist dir wohl egal, oder?«
»Wenn du mich wirklich lieben würdest, dann könntest du jetzt nicht nein sagen.«
»Wenn Sie nur einen Funken Anstand haben, dann würden Sie ...«

➤ Moralische Diffamierung

Die moralische Diffamierung ist eine Steigerung der moralischen Erpressung. Hierbei wird bereits offen ausgesprochen, was für einen miesen Charakter man hat, wenn man nicht brav ja sagt.

Der Projektleiter bittet Herrn Grundig, seinen Urlaub zu verschieben. Er selbst hat für die Zeit gebucht und möchte, dass Herr Grundig ihn vertritt. Herr Grundig hat ebenfalls gebucht und sieht nicht ein, dass er den Urlaub verschiebt.

»Herr Grundig, seien Sie doch nicht so stur.«
»Was heißt stur? Meine Frau kann bei ihrem Arbeitgeber auch nicht so einfach einen neuen Termin bekommen.«
»Aber Sie wissen doch, dass das Projekt nicht ohne Führung bleiben kann.«
»Meiner Meinung nach ist das Team gut in der Lage, mal zwei Wochen selbstständig zu arbeiten.«
»Ich glaube, Ihnen ist der Erfolg des Projektes völlig egal.«
»Nein. Ich arbeite engagiert wie alle anderen auch. Aber jetzt mache ich erst mal meinen Urlaub. Danach lege ich mich wieder für das Projekt ins Zeug.«
»Ihre Einstellung zeugt von völliger Rücksichtslosigkeit.«

Zu dieser Taktik gehören auch Formulierungen wie die folgenden:
»Wie kannst du so egoistisch sein?«
»Hilfsbereitschaft ist demnach nicht Ihre Stärke.«
»Ach, das nennen Sie Teamwork?«
»Na ja. Von einem Vertriebler kann man wohl nicht erwarten, dass er auch mal Rücksicht nimmt.«

Diese Taktik kommt mit offenen Diffamierungen im Stil von »Sie sind ...« daher oder mit zynischen Bemerkungen wie zum Beispiel »Loyalität ist Ihnen wohl nicht so wichtig«.

➤ Mit Konsequenzen drohen

Lisa Cramer muss ihrem Chef leider sagen, dass sie die Urlaubsvertretung für Frau Hachweg nicht leisten kann. Sie würde es gerne machen, aber dazu bräuchte sie erst noch eine Einweisung in das neue Buchungssystem.

»Tut mir Leid«, sagt sie. »Ich kenne das System nicht und schaffe es auch nicht, das so schnell noch zu lernen.«

Der Chef schaut ihr tief in die Augen und sagt: »Das können Sie sich doch aus den Unterlagen anlesen. Sie sind doch sonst so fit mit der Technik.« Das Kompliment freut Lisa. Dennoch traut sie sich nicht zu, rechtzeitig das neue System in den Griff zu bekommen. Sie hat wegen privater Termine auch keine Zeit, sich abends von jemandem einweisen zu lassen. Sie schlägt dem Chef vor: »Vielleicht kann Frau Völker das übernehmen. Dann mache ich für sie die Präsentationsvorlagen. Soll ich sie fragen?«

Der Chef will keine Alternative hören. Nicht mehr ganz so freundlich wie zuvor deutet er an: »Sie wissen, dass wir bald auch noch das Jahresgespräch miteinander haben?«

Zu dieser Taktik gehören auch Formulierungen wie die folgenden:
»Dann helfe ich dir auch nicht bei ...«

»Wenn du dich so stur stellst, bist du nicht mehr meine Freundin.«

Möglicherweise werden auch zynische Formulierungen zum Einsatz gebracht: »Und dann erwarten Sie womöglich, dass ich Ihre Beförderung unterstütze? Sie sind ja wirklich ein optimistischer Typ.«

➤ Überraschung

Manche Menschen warten einfach gar nicht ab, ob Sie ja oder nein sagen wollen. Vielleicht haben Sie selbst schon diese Erfahrung gemacht.

Claudia Dietrich ist Kindergärtnerin. Laut Plan ist sie heute mit der freien Mittagsstunde dran. Ihre Kollegin Karin Krupp muss ihre Pause im Haus nehmen, damit jemand bei den Kindern bleibt, die nicht abgeholt werden, sondern im Gruppenraum schlafen.

Claudia hilft gerade noch dem kleinen Sören mit den Schnürstiefeln, da hört sie auch schon ihre Kollegin rufen: »Du, ich komm gleich wieder. Ich hol mir nur was aus der Apotheke.« Weg ist sie.

Bis Karin wieder zurück ist, lohnt es sich für Claudia nicht mehr, wie geplant, schnell nach Hause zu fahren und sich eine Suppe zu kochen. Das ärgert sie.

Jochen Patriff geht es mit seinem wieselflinken Kollegen ähnlich. Sie arbeiten beide nachts am Empfang des Hotels »Rieger«. Sie müssten sich absprechen, wenn einer von ihnen den Arbeitsplatz verlassen will. Aber das klappt nur selten. Genau genommen klappt es immer, wenn Jochen mal Pause machen oder zur Toilette will. Es klappt aber nie, wenn Hartmut eine seiner »Zigarettenpausen« braucht. Denn in Anbetracht der

Dauer seiner Abwesenheiten kann man fast schon auf »Zigarren-« oder gar »Pfeifenpausen« schließen.

Jochen hat ihn schon oft zur Rede gestellt: »Du warst wieder achtunddreißig Minuten weg! Das kannst du doch nicht machen!« Hartmut ist nie beleidigt. Im Gegenteil. Er gibt sofort seine Verfehlung zu und entschuldigt sich. »Oh, Mann, du hast Recht. Tut mir Leid. Von mir aus kannst du jetzt gehen. Nimm dir ruhig Zeit.«

»Du kennst unsere Pausenzeiten.«

»Na ja. Aber wenn doch sowieso nichts los ist, dann kann man ja mal eine rauchen gehen. Ich mach das auch nicht wieder, ehrlich.« Das nutzt gar nichts. Beim nächsten Mal wird er wieder urplötzlich, wenn Jochen gerade einen Gast bedient, rufen: »Bin gleich zurück!« Ganz egal, ob Jochen ihn aufzuhalten versucht oder nicht, er wird für lange Zeit spurlos verschwunden sein.

Bärbel Zweiger sitzt an ihrem PC. Sie muss sich sehr konzentrieren, einen englischen Text nach Diktat vom Band einzugeben. Plötzlich klatscht neben der Tastatur eine Mappe auf den Tisch. Die Kollegin hat sich von hinten herangeschlichen und gleich wieder aus dem Staub gemacht. Bärbel hört nur noch: »Machst du das noch fertig für Dr. Rosner? Der braucht das morgen früh.«

Der Erfolg dieser Überraschungstaktiken basiert darauf, dass der Dreiste sich fest auf zwei Phänomene bei Ihnen verlassen kann:

1. Sie sind zu pflichtbewusst, ganz einfach auch Ihren Posten zu verlassen oder ganz einfach das nicht zu erledigen, was man Ihnen plötzlich hinwirft.
2. Sie sind zu nett, ganz einfach mit gleicher Münze heimzuzahlen.

Dreiste Überraschungskünstler verlassen sich darauf, dass Sie sich entweder wortlos ärgern, aber dennoch tun, was sie von Ihnen wollen, oder dass Sie sich zwar beklagen, aber ebenfalls brav tun, was man von Ihnen will. Wenn Sie sich beklagen, ist es ohnehin zu spät. Der Überraschungskünstler wird auch nicht mit Ihnen streiten. Er oder sie wird sich zerknirscht bei Ihnen entschuldigen, Besserung geloben und bei nächster Gelegenheit in gleicher Form wieder zuschlagen.

Lassen Sie es sich nicht gefallen, dass andere einfach Tatsachen schaffen.

Es hilft nichts: Dem Überraschungskünstler müssen Sie es mit gleicher Münze heimzahlen. Es muss einfach sein. Sie überlegen sich am besten in Ruhe, was Sie urplötzlich an Arbeit hinwerfen können. Dann nehmen Sie Anlauf und tun es einfach.

Wenn der andere sich später beklagt, schauen Sie ganz treuherzig und sagen: »Ich dachte, das ist der Stil, den du haben willst.« Dann allerdings sollte zwischen Ihnen beiden ein Gespräch stattfinden. Machen Sie ganz deutlich, dass Sie nie wieder solche Überraschungen erleben wollen. Sagen Sie, dass Sie solche Spielchen unfair finden, jedoch nicht zu feige sind, notfalls mitzuhalten!

Was Sie jetzt für sich tun können:

Sie kennen vermutlich solche Situationen, wo man Sie um etwas bittet oder etwas von Ihnen fordert. Sie sagen nein. Dann sagt der andere etwas. Sie versuchen standzuhalten, aber schließlich geben Sie doch nach. Erst viel später, wenn Sie sich den Wortwechsel noch einmal durch den Kopf gehen lassen, wird Ihnen bewusst, auf welchen Trick Sie wieder einmal hereingefallen sind. Sie sollten sich also erst einmal darin üben, die ersten sieben Taktiken der Psychovampire überhaupt rechtzeitig zu bemerken – dann werden Sie auch fit für die letztgenannte Taktik acht, wenn es um die Überraschungskünstler geht.

Achten Sie im Laufe der nächsten Tage und Wochen bitte bewusst darauf, wie Ihre lieben Kollegen, der Chef, Freunde, die Nachbarn oder auch Angehörige Sie versuchen »umzudrehen«. Notieren Sie das gerne im Tagebuch oder auf einem Zettel. Entwickeln Sie ein scharfes Ohr dafür, welche Taktik man gerade bei Ihnen anwendet. Je deutlicher Sie das hören, desto mehr wird es Sie ärgern. Das ist heilsamer Ärger! Dieser Ärger wird die notwendige Produktion an Stresshormonen anregen, die Sie brauchen, um dem Treiben der Psychovampire endlich Einhalt zu gebieten.

Wehren Sie unfaire Manipulations- techniken ab

Vielleicht zerbrechen Sie sich jetzt den Kopf darüber, wie Sie jemals die acht Techniken im konkreten Fall auseinander halten und mit jeweils speziellen Techniken abwehren sollen. So **Entwaffnen Sie mit Enttarnung** kompliziert ist es gar nicht. Sie sollen **der Taktik.** bitte zuerst durch genaue Beobachtung ein Gespür dafür bekommen, wann und wie andere unfair mit Ihnen umgehen. Das haben Sie mit der letzten Übung erreicht. Allerdings lernt man diesbezüglich nie aus. Sie werden auch in Zukunft immer wieder einmal sprachlos dastehen, wenn Ihnen ein hartnäckiger Zeitgenosse seinen Willen aufzwingen will.

Für fast alle Fälle in der Praxis reicht es jedoch völlig aus, wenn Sie sich ganz schlicht auf ein paar wenige Standard-Erwiderungen beschränken. Fangen Sie am besten mit den folgenden Vorschlägen an:

➤ »Ich fühle mich von Ihnen unter Druck gesetzt.«
➤ »Das wirkt auf mich fast wie eine Erpressung.«

➤ »Das verletzt mich, was Sie sagen.«
➤ »Damit tun Sie mir Unrecht.«

Sie werden sich mit zunehmender Erfahrung im Neinsagen vermutlich eigene Formulierungen ausdenken. Wichtig ist, dass Sie Ihre Aussage nicht verwässern. Sie sollten den Hartnäckigen und Psychovampiren ganz offen sagen, was Sie von deren Manövern halten.

Sie sollten nicht so formulieren:
➤ »Sie erpressen mich!«
➤ »Sie setzen mich unter Druck!«
➤ »Sie werden unverschämt!«

Inhaltlich mögen Sie zwar Recht haben, aber Sie wollen schließlich keinen unnötigen Streit vom Zaun brechen. Verzichten Sie demnach auf Vorwürfe. Sagen Sie wie oben, welches Gefühl Sie bei der Sache haben. Das reicht als Botschaft. Rechnen Sie bei besonders Hartnäckigen damit, dass die Sie auch noch in Rechthaberei zu verwickeln versuchen. Das lassen Sie bitte nicht zu. Sie wollen nicht so in Stress geraten wie Heidi Franke im folgenden Beispiel:

»Frau Franke, machen Sie bitte die Übersetzung der Unterlagen für die Messe in New York fertig? Ich komme nicht dazu.«

»Tut mir Leid, aber ich muss am Wochenende für die Abendschule pauken.«

»Bitte, Frau Franke, lassen Sie das Team nicht im Stich!«

»Es geht wirklich nicht.«

»Sie wollen doch auch, dass ich Ihnen mal wieder helfe, wenn Sie im Projekt stecken.«

»Ja, natürlich. Aber Sie wissen, was die Abendschule für mich bedeutet. Ich schaffe es nicht, noch mehr nebenher zu machen.«

»Heißt das, dass Sie sich aus dem Teamworking ausklinken wollen?«

»Jetzt setzen Sie mich ganz schön unter Druck!«

»Das ist doch kein Druck. Wie kommen Sie darauf, dass ich Sie unter Druck setze?«

Ganz egal, was Heidi jetzt antwortet, der Kollege wird mit ihr diskutieren, warum sie keinen Grund hat, sich über Druck zu beklagen. Am Ende wird sie sich womöglich selber dumm dabei fühlen, das Wort Druck überhaupt in den Mund genommen zu haben.

Was Heidi sagen sollte, ist: »Ich fühle mich halt so.« Mehr nicht.

Der Kollege wird sich im Moment natürlich knurrig verhalten. Er hat ja immer noch das ungelöste Problem mit der Übersetzung in der Hand. Auf die Dauer wird er Heidi jedoch mit mehr Respekt betrachten. Er wird in Zukunft wissen: Die lässt sich nicht unter Druck setzen.

Ein vollständiges Nein-Gespräch inklusive Abwehr eines Psychovampirs kann sich wie folgt abspielen:

»Kirsten, leihst du mir das Geld für die Betriebsfeier?«

»Nein. Das geht nicht.«

»Wieso nicht?«

»Wie, wieso nicht?«

»Meine Güte, bist du hartherzig.«

»Das finde ich ganz schön verletzend.«

Wenn der Psychovampir es wagt, die Sache auf die Spitze zu treiben mit erpresserischen Formulierungen wie »Gib mir halt die zehn Euro, dann nenne ich dich auch nicht hartherzig«, dann hilft alles nichts – nun muss auch von Kirsten noch eine deutliche Antwort kommen:

»Das ist wirklich Erpressung. Herzlichen Dank, dass du mir ein Angebot machst, deiner moralischen Diffamierung zu entgehen.«

Ein vollständiges Nein-Gespräch inklusive Abwehr kann sich auch so anhören:

»Frau Müller, können Sie heute in der großen Pause die Aufsicht der Erstklässler übernehmen?«

»Nein. Ich muss noch was für meine nächste Stunde vorbereiten.«

»Was müssen Sie denn da machen?«

»Wie, was muss ich machen?«

»Entschuldigung, dass ich frage, ich dachte nur, dass ich Ihnen vielleicht bei den Vorbereitungen helfe, und Sie machen dafür die Aufsicht.«

»Es geht wirklich nicht. Bitte fragen Sie jemand anderen.«

»Sie lassen mich ganz schön im Stich. Nach Teamwork sieht das nicht aus.«

»Jetzt tun Sie mir Unrecht, Herr Schulte.«

»Ja, stimmt. Tut mir Leid. Ich bin halt etwas im Stress. Ich frage mal den Kollegen Kamper.«

Wie Sie sehen, muss nicht jeder, der es erst einmal mit Manipulation versucht, wirklich böse Absichten gegen Sie verfolgen. Die meisten Leute haben einen guten Grund, wenn sie Sie um Hilfe bitten. Dann ist es auch verständlich, wenn sie nach Ihrem Nein doch noch einen weiteren Anlauf versuchen. Es liegt ja auch gar nicht in Ihrem Interesse, Streit anzufangen. Es ist halt notwendig, dass Sie sich gegen Manipulation wappnen, wenn Sie leider einmal nein sagen müssen.

Was Sie jetzt für sich tun können:

Als Erstes üben Sie rein sprachlich, die Abwehrsätze über die Lippen zu bringen. Schreiben Sie sie auf einen Zettel und üben Sie ein paar Tage immer wieder, sie ruhig und mit fester Stimme auszusprechen. Sie müssen Ihnen selbstverständlich über die Lippen kommen.

Was Sie anschließend noch für sich tun können:

Üben Sie wieder einmal mit einer Freundin oder mit Ihrem Partner oder mit einem Kollegen das Neinsagen inklusive Abwehr von hartnäckigen Druckversuchen.

Spielen Sie auch umgekehrt die Rolle der Person, die etwas vom anderen will. Sie wollen ja Ihrerseits auch nicht andere unter Druck setzen, wenn Sie einmal etwas von ihnen wollen.

Üben Sie es Ihrerseits, ein Nein zu akzeptieren und auf Druck zu verzichten.

Notprogramm:
Das bedingte Ja als
Hintertürchen

5

Sie haben ein Recht
auf Bedenkzeit

Mit dem bedingten Ja lassen Sie sich ein Hintertürchen offen. Sie müssen nicht sofort nein sagen, binden sich jedoch trotzdem nicht voreilig mit einem Ja. Auch damit beweisen Sie selbstbewusste Souveränität bei gleichzeitiger Bereitschaft zu Entgegenkommen.

Das bedingte Ja gibt es in zwei Varianten:

1. Sie können sich mit dem bedingten Ja im ersten Moment behelfen und einen Entscheidungsaufschub bewirken. Das gibt Ihnen Luft, über ja oder nein nachzudenken und sich Begründungen für Ihre Entscheidung zu überlegen.
2. Sie knüpfen Ihre Zusage an eine Bedingung. Das kann eine neutrale Bedingung sein oder eine Gegenforderung an die Person, die etwas von Ihnen will.

Die häufigste Anwendung ist das bedingte Ja, um einen Aufschub durchzusetzen. Das Problem für Sie besteht nämlich oft darin, dass die Person, die Sie fragt oder bittet, sich vorher überlegen konnte, was sie von Ihnen will und mit welchen Worten sie ihr Anliegen vortragen wird. Die andere Person hat sich vermutlich auch vorab überlegt, wie sie auf ein mögliches Nein von Ihnen reagieren wird. Für Sie hingegen kommt die Frage oder Bitte völlig überraschend.

Leider sind Ihre Mitmenschen auch nicht alle so fair, Ihnen Bedenkzeit anzubieten. Sie ziehen es vor, Ihnen schnell Ihre Zustimmung abzuringen und sich dann darauf zu verlassen, dass Sie sich an Ihr Wort gebunden fühlen. Damit liegen die anderen wahrscheinlich auch richtig. Menschen, die sich schwer damit tun, nein zu sagen, scheuen noch mehr als andere davor zurück, ein gegebenes Wort nachträglich zurückzunehmen.

Das bedeutet für Sie: Geben Sie Ihr Wort einfach nicht auf Anhieb. Lassen Sie den anderen warten. Der andere hatte vorher Zeit zum Nachdenken. Die Zeit nehmen Sie sich jetzt, nachdem Sie das Anliegen erst einmal angehört haben.

Ihre Kollegin fragt Sie beispielsweise, ob Sie den Urlaub verschieben können, weil sie in der Woche gern ebenfalls freinehmen möchte. Wenn Sie nein sagen, könnte die Kollegin eingeschnappt sein. Das Klima zwischen Ihnen wäre erst einmal getrübt. Sie können aber auch ein bedingtes Ja anbieten. »Ich versuche, mir das einzurichten. Ich muss das aber vorher noch mit meinem Mann klären, ob der seinen Urlaub verschieben kann. Ich sage Ihnen morgen Bescheid.« Oder: »Wenn es geht, tue ich das natürlich gerne. Ich muss allerdings erst noch mal schauen, ob sich so ohne weiteres die Buchungen ändern lassen, die ich bereits für meine Reise getätigt habe.«

Zeigen Sie Verständnis, aber sagen Sie nicht gleich ja.

Sie haben damit den Vorteil, dass im Moment die andere Person kaum weiter in Sie dringen kann. Es nutzt nichts, wenn sie Druck macht, dass Sie doch bitte zustimmen mögen. Im Moment haben Sie zwar großes Verständnis, können jedoch leider noch nicht fest zusagen.

Das Gespräch könnte sich wie folgt abspielen:

Ihre Kollegin: »Kannst du deinen Urlaub verschieben? Ich habe in genau der Woche auch etwas vor. Das geht nur in der Woche.«

Sie: »Das kann ich auf Anhieb gar nicht sagen.«

Kollegin: »Wieso? Wovon hängt es ab?«

Sie: »Ich muss mit meiner Schwester reden. Wir fahren zusammen weg.«

Kollegin: »Bitte, sag ja. Ich brauche die Woche!«

Sie: »Ich verstehe dich. Aber ich muss mich erst mit meiner Schwester absprechen.«

Kollegin: »Kannst du ihr nicht sagen, wie wichtig das für mich ist.«

Sie: »Ja, sage ich ihr.«

Kollegin: »Du verschiebst also deinen Urlaub für mich, ja?«

Sie: »Ich weiß es nicht. Ich frag meine Schwester.«

Kollegin: »Ich brauche die Woche wirklich!«

Sie: »Ja, ja, Ich frag meine Schwester. Ich sage dir Donnerstag Bescheid.«

Kollegin: »Donnerstag? Ich muss das heute wissen. Oh bitte, verschieb deinen Urlaub.«

Sie: »Ich kann das erst am Mittwoch klären.«

Kollegin: »Wieso denn so spät?«

Sie: »Vorher geht es nicht. Tut mir Leid.«

Kollegin: »Ruf sie doch jetzt an.«

Sie: »Nein, das geht nicht.«

Kollegin: »Warum denn nicht?«

Sie: »Wie, warum nicht?«

Kollegin: »Warum kannst du deine Schwester nicht jetzt anrufen und fragen?«

Sie: »Das geht nicht. Ich spreche am Mittwoch mit ihr und sage dir am Donnerstag Bescheid.«

Kollegin: »Ich muss das aber spätestens heute Abend wissen.«

Sie: »Das ist unangenehm für dich.«

Kollegin: »Was soll ich denn jetzt tun?«

Sie: »Das weiß ich auch nicht.«

Solche und ähnliche zermürbenden Diskussionen kennen Sie vermutlich auch. Die Person, die etwas von Ihnen will, gibt sich natürlich nicht mit dem bedingten Ja als Entscheidungsaufschub zufrieden. Sie will jetzt Ihre verbindliche Zusage. Wenn Sie die nicht geben, wird sie Ihnen vermutlich noch einige

Male eindringlich die Wichtigkeit ihres Anliegens vorhalten. Sie wird womöglich sogar Rechenschaft verlangen, warum Sie nicht sofort ja sagen. Eventuell wird sie Ihnen auch ihr Problem zur Lösung hinschieben. »Was soll ich denn jetzt tun?« Darauf dürfen Sie sich nicht einlassen. Wiederholen Sie einfach wie im Beispiel, dass es von irgendwas oder irgendwem (Schwester) abhängt und dass Sie dann Bescheid sagen. Auf das beharrliche Drängen sollten Sie mit sturem Wiederholen reagieren: »Ich frage meine Schwester.« »Donnerstag sage ich dir Bescheid.«

Auf keinen Fall lassen Sie sich in die entwürdigende Situation drängen, mit der Kollegin zu diskutieren, wieso Sie nicht jetzt sofort die Schwester anrufen!

Das hier vorgestellte Beispiel ist eines mit »Referenzperson«. Mit einer Referenzperson machen Sie sich die Sache vergleichsweise einfach. Sie signalisieren Ihre grundsätzliche Bereitschaft, auf das Anliegen einzugehen, machen das endgültige Ja jedoch von einem Dritten abhängig, der im Moment leider nicht greifbar ist.

»Das muss ich erst mit meinem Mann besprechen.«
»Das hängt von der Zustimmung meines Chefs ab.«
»Da muss ich erst in der Produktion anrufen, ob die das liefern können.«

Hinter der Referenzperson können Sie sich auch bei größtem Druck immer noch verschanzen. Nein, leider können Sie jetzt nichts fest zusagen, Sie müssen ja erst noch mit ... sprechen. Ja, Sie verstehen die Dringlichkeit der Sache, aber ohne Rücksprache mit ... können Sie leider nichts dazu sagen. Wenn Sie stur dabei bleiben, muss auch der hartnäckigste Frager schließlich einsehen: Jetzt gibt es noch keine Entscheidung.

Schwieriger ist für Sie der Aufschub durch ein bedingtes Ja ohne Referenzperson. Sie wollen für sich Bedenkzeit, weil Sie sich die Sache erst noch durch den Kopf gehen lassen wollen. Betrachten Sie folgendes Beispiel:

Frau Dormann leitet seit acht Jahren eine Filiale eines Einzelhandelsunternehmens für Papier- und Schreibwaren. Ihr Chef hat sie zu sich in die Zentrale bestellt. Er macht ihr folgendes Angebot:

»Frau Dormann, Sie wissen, dass wir mit der Globalpaper GmbH fusionieren werden.«

»Ja.«

»Ein Fusion bringt natürlich immer Bereinigungen der internen Strukturen mit sich. Das bedeutet in unserem Fall auch die Schließung von Filialen.«

»Ja?«

»Frau Dormann, es tut mir Leid, dass es nun ausgerechnet Ihre Filiale treffen wird. Ich weiß, dass Sie eine unserer besten Führungskräfte sind. Deshalb möchte ich Sie gerne auch weiterhin beschäftigen.«

Frau Dormann hatte eine Schließung ihrer Filiale bereits befürchtet. Die konkurrierende Filiale der Globalpaper GmbH lag nur wenige Schritte von ihrer entfernt in der Fußgängerzone und war viel größer und moderner eingerichtet. Frau Dormann hatte bereits seit einiger Zeit darüber nachgedacht, an welche andere Stelle des Unternehmens man sie versetzen würde. Was der Chef jetzt jedoch andeutet, war ja wohl eine mögliche Entlassung!

»Was meinen Sie damit?« Sie kann kaum ihre Stimme kontrollieren.

»Frau Dormann, wie ich schon sagte, ich würde Sie am liebsten als meine Mitarbeiterin behalten. Allerdings sind betriebsbedingte Kündigungen nicht zu vermeiden. Aber ich mache Ihnen einen Vorschlag. Sie übernehmen die Zeitschriftenabteilung in der Filiale am Stadtpark bei Herrn Jadig.«

»Bekomme ich keine eigene Filiale mehr?«

»Frau Dormann! Wie soll ich das machen? Wir schließen an verschiedenen Stellen. Natürlich wird irgendwann auch mal wieder eine Filialleitung frei, doch im Moment ist da nichts zu machen. Aber am Stadtpark bekommen Sie mit den Zeitschriften eine große Abteilung. Sie haben zwei Mitarbeiterinnen für sich und eine Teilzeitkraft, die Sie mit Herrn Jadig gemeinsam verplanen. Nehmen Sie das Angebot an?«

»Wie ist es denn finanziell?«

»Darüber müssen wir auch reden. Die Zulage als Filialleiterin kann ich Ihnen natürlich nicht mehr geben. Wir wissen ja auch noch nicht, wie in Zukunft die Gehälter sein werden. Dazu arbeitet uns eine Unternehmensberatung ein neues Vergütungskonzept aus. Sie würden zunächst das ganz normale Gehalt einer Abteilungsleiterin bekommen.«

Frau Dormann schluckt. Blitzschnell rasen ihre Gedanken durch den Kopf. Droht ihr andernfalls die Arbeitslosigkeit? Würde sie mit über vierzig noch eine vergleichbare Stelle bekommen? Sollte sie lieber erst mal mit einem Anwalt reden? Interessiert sich der Betriebsrat für die Probleme der leitenden Angestellten? Was ist, wenn sie erst einmal vorsichtshalber zustimmt? Bindet sie sich damit zu früh an ungünstige Bedingungen?

Sie sagt: »Das kommt jetzt zu plötzlich. Ich muss mir das erst noch mal überlegen.«

»Aber Frau Dormann. Sie müssen sich doch über die Konsequenzen der Fusionierung längst Gedanken gemacht haben. Das ist doch nicht über Nacht passiert.«

»Ja, trotzdem. Ich muss das überschlafen.«

Verständlich, wenn der Chef, der vielleicht in seiner eigenen Position selbst gefährdet ist, sofort eine Entscheidung will. Vielleicht ist er sogar enttäuscht, dass Frau Dormann nicht dankbar nach der Alternative zur Entlassung greift. Dennoch: Auch wenn die Entscheidung schnell fallen muss, etwas Bedenkzeit ist in solchen Fällen auf jeden Fall notwendig.

Schauen Sie sich auch das folgende Beispiel aus dem Privatleben an:

Hermann Brümmer kommt vom Besuch bei seiner Mutter nach Hause. Der alten Dame ging es bis zu ihrem 84. Geburtstag ganz wunderbar. Die Winter verbrachte sie seit Jahren auf Mallorca. Im Sommer kümmerte sie sich zu Hause liebevoll um ihre Balkonblumen. Seit ihrem Sturz im Treppenhaus vor drei Wochen ist sie allerdings wie verwandelt. Obwohl sie außer einem Schrecken keinen körperlichen Schaden davongetragen hat, ist sie psychisch seither verunsichert. Plötzlich hat sie Angst, zum Beispiel eines Tages mit gebrochenem Bein hilflos in der Badewanne liegen zu müssen oder dass sie schlafend von einem Feuer bedroht wird, weil sie die eingeschalteten Herdplatten vergessen hat. Bei dem heutigen Besuch bat sie ihren Sohn, zu ihm ziehen zu dürfen. Nach dem Auszug der Tochter sei ja nun auch deren Zimmer frei.

Hermann spricht mit Anja, seiner Frau, darüber: »Ich kann doch meine Mutter nicht ins Heim geben!« Anja mag ihre Schwiegermutter. Sie würde in ihrer anpassungsfähigen Art auch keine Konflikte provozieren. Aber Anja weiß auch, welche Konsequenzen auf die Dauer zu erwarten sind.

»Es ist doch nur eine Frage der Zeit, bis sie zum Pflegefall wird.«

»Ach was, daran ist doch gar nicht zu denken.«

»Natürlich ist in ihrem Alter daran zu denken! Und ich bin sicher, dass du deinen Job nicht kündigst, um deine Mutter zu pflegen. Von mir erwartest du das aber.«

»Im Moment ist sie fit wie ein Turnschuh. Wenn sie schwächer wird, kommt doch erst mal der Pflegedienst. Und dann sieht sie es ja auch selber ein, dass sie in einem Heim am besten versorgt wird.«

»Trotzdem. Du wirst in jedem Fall dein Leben einfach wie gehabt weiterführen. Ich aber muss mich mit meinen Planungen nach deiner Mutter richten. Das will ich mir erst noch mal in Ruhe durch den Kopf gehen lassen.«

Recht hat sie. Solche gravierenden Entscheidungen darf man nicht mal eben so treffen. Falls Hermann Druck machen sollte, dann wäre das höchst unfair. Notfalls müsste Anja das auch deutlich sagen: »Ich will das jetzt nicht entscheiden!«

»Nun sei doch nicht so. Mutter hat mich extra gebeten, dich zu fragen. Sie sitzt jetzt bestimmt die ganze Zeit neben dem Telefon und wartet.«

»Ruf Sie an und sag ihr, dass ich darüber nachdenke.«

»Das kann ich ihr doch nicht zumuten. Denk mal daran, wie sie uns beim Hausbau mit dem Zuschuss geholfen hat.«

»Hermann, wenn du deinen Job aufgibst, um deine Mutter zu versorgen, kann sie von mir aus morgen hier einziehen. Da die Arbeit aber an mir hängen bleiben wird, will ich erst mal darüber nachdenken.«

»Nun sei doch nicht so verbohrt.«

»Auch wenn ich jetzt ja sage, um endlich Ruhe zu haben, nutzt das nichts. Ich fühle mich auf keinen Fall an eine Zusage gebunden, die ich unter Druck geben musste.«

»Ich mach doch keinen Druck.«

»Doch.«

Wieder hat sie Recht. Manchmal muss man anderen ganz klar sagen, dass sie Druck machen und dass das höchst unfair ist.

Mit dem bedingten Ja, um Bedenkzeit zu bekommen, vermitteln Sie die Botschaft: »Ich bin nicht grundsätzlich dagegen, Ihnen/dir entgegenzukommen. Ich kann oder will mich nur im Moment noch nicht festlegen.« Häufig ist es sogar so, **Sie zeigen positive Bereitschaft, aber auch souveräne Unabhängigkeit.** dass die Person, die etwas von Ihnen will, am Ende selbst eine andere Lösung für ihr Anliegen findet. Sie hat Sie nicht festnageln können, muss jedoch selbst das Problem schnell lösen. Also schaut sie sich woanders um. Damit mussten Sie nicht einmal ein klares Nein sagen und sind trotzdem aus der Sache raus. Andernfalls haben Sie inzwischen Zeit, sich eine gute Begründung einfallen zu lassen, warum Sie leider nein sagen müssen. Oder Sie haben Zeit, sich eine Bedingung zu überlegen, die Ihnen ein Ja ermöglichen würde.

Praxistipp: Kommen Sie nach solchen Diskussionen nicht in vorauseilendem Gehorsam auf die andere Person zu. Sagen Sie von sich aus gar nichts. Warten Sie ab, ob die andere Person Sie noch einmal auf die Sache anspricht. Sie werden sehen, in vielen Fällen ist das Problem ohnehin längst vom Tisch. Falls nicht, dann soll die Person, die etwas von Ihnen will, auf Sie zukommen und nicht umgekehrt.

Die andere Variante des bedingten Ja ist die Verknüpfung mit einer Bedingung. Im einfachsten Fall kann es sich wie folgt anhören:

»Mama, darf ich am Samstag mit den anderen ins Schwimmbad?«

»Wenn es warm genug ist, ja.«

Hier ist die Bedingung neutral. Weder die eine noch die andere Partei hat Einfluss darauf.

Sie können die Bedingung auch als Gegenleistung für Ihre Zusage formulieren. Das kann sich dann so anhören:

»Mama, darf ich am Samstag mit den anderen ins Schwimmbad?«

»Wenn bis dahin dein Zimmer aufgeräumt ist, ja.«

Verkäufer benutzen das bedingte Ja mit Gegenleistung bei Rabattverhandlungen. Wenn der Kunde nach Preisnachlass fragt und droht, andernfalls nicht zu kaufen, kann der Verkäufer ja unmöglich einfach Rabatt geben. Der Kunde hätte sonst den Eindruck, dass der hinterlistige Verkäufer ihm zuerst einen überhöhten Preis genannt hat, um mal zu sehen, ob er dumm genug ist, den zu bezahlen. Mit solchen Spielchen verliert der Verkäufer jedoch das Vertrauen seiner Kunden. Einfach nein zu Rabattanfragen zu sagen könnte jedoch den möglichen Geschäftsabschluss gefährden. Also behilft sich der Verkäufer mit dem bedingten Ja:

»Na gut. Ich lasse Ihnen 4% nach, wenn Sie dafür die Montage der Maschine selbst übernehmen.«

Oder: »Sie bekommen 3%, wenn Sie dafür auf ... verzichten.«
Der Kunde hört die Botschaft heraus: »Mein erstes Preisangebot war fair. Ich komme Ihnen jedoch entgegen, wenn Sie mir dafür Ihrerseits entgegenkommen.«

Solche Bedingungen für Ihre Zusage können auch als »pädagogische Maßnahme« einmal notwendig sein. Sie haben zum Beispiel eine Kollegin, die ständig von Ihnen etwas will. Mal sollen Sie abends länger im Büro bleiben, damit sie eher gehen kann. Mal sollen Sie die Ablage an ihrer Stelle machen. Mal sollen Sie den schwierigen Kunden übernehmen.

Das ist ja alles gut und schön. Sie wollen auch gerne helfen und zum guten Betriebsklima beitragen. Auf keinen Fall jedoch wollen Sie sich langsam, aber sicher zur Dienstbotin oder Hilfsarbeiterin der anderen machen lassen. Da wirkt am besten das bedingte Ja.

»Können Sie heute meine Post mit erledigen? Ich muss früher weg.«

»Wenn Sie meine Ablage machen, tue ich das gerne.«

Oder: »Können Sie nächste Woche die Spätschicht für mich übernehmen? Ich erwarte Besuch von meinem Neffen.«

»Wenn Sie mich dafür am Samstag in der Bereitschaft vertreten, mache ich es.«

Sie werden mit Ihrem bedingten Ja vielleicht erst einmal Verblüffung hervorrufen. Damit rechnen die Kollegen, die sich bisher auf Ihre Schwierigkeiten mit dem Neinsagen verlassen haben, gar nicht. Sie können jetzt unmöglich einfach von Ihnen fordern und selbst nichts dafür bieten. Damit würden sie sich als Ausnutzer zu sehr zu erkennen geben. Jetzt gibt es zwei Möglichkeiten:

1. Die andere Person ist zur Gegenleistung bereit.
Damit ist klar, dass die andere Person Sie nicht bewusst aus-

beuten wollte. Sie hat sich bisher wegen Ihrer zu netten Art nie Gedanken gemacht und sich halt immer auf Sie verlassen. Das wird sich nun ändern. Sie gewinnen an Respekt!

2. Die andere Person ist nicht zur Gegenleistung bereit.
Jetzt wissen Sie endlich, dass Sie es mit einer Kollegin oder einem Kollegen zu tun haben, der Ihre Nettigkeit schamlos ausbeutet. Das sollte in Ihnen den heilsamen Ärger auslösen, ab sofort viel mutiger ganz einfach nein zu sagen.

In der Regel sind Ihre Mitmenschen natürlich fair und wollen Sie gar nicht ausnutzen. Das Problem besteht nur darin, dass andere es zu schnell als zu selbstverständlich hinnehmen, wenn man ihnen immer wieder entgegenkommt. Schon im Interesse Ihres Respekts müssen Sie manchmal nein sagen oder ein Ja nur unter Bedingungen geben.

Was Sie jetzt für sich tun können:

Das beste Training ist auch in diesem Fall wieder das Rollenspiel. Bitten Sie Ihre Kollegin oder Freundin oder Ihren Partner, Ihnen ein Anliegen vorzutragen und dabei auch zu versuchen, Sie zu einer sofortigen Zusage zu drängen. Sie üben standhaft, zunächst den Aufschub der Entscheidung durchzusetzen. Anschließend üben Sie das Knüpfen von Bedingungen an ein Ja.

Was Sie auch noch für sich tun können:

Wie oben gesagt, hat sich die Person, die etwas von Ihnen will, auf das Gespräch und sogar auf Ihre möglichen Einwände vorbereiten können. Für Sie kommt eine Frage oder Bitte oft so plötzlich, dass Ihnen im ersten Moment nicht einmal eine Bedingung einfällt.

Aber Sie kennen ja Ihre Pappenheimer! Sie wissen, welcher Kollege oder Kunde, welche Nachbarin oder Cousine oder wer auch immer regelmäßig ein Anliegen hat und Ihnen blitzschnell ein Ja abringt, bevor Sie überhaupt richtig nachgedacht haben. Kommen Sie doch einfach zukünftigen Fragen und Bitten zuvor und schreiben Sie gleich jetzt schon einmal ein paar mögliche Bedingungen oder Vorwände für einen Aufschub der Entscheidung auf.

Wenn Frau Martens ständig darum bittet, dass ihre Aufgaben übernommen werden, kann das dann so aussehen:

»Wenn Sie für mich den Kunden ... anrufen.«

»Machen Sie dann für mich die Post fertig?«

»Ob ich das für Sie machen kann, weiß ich erst, wenn ich ... fertig habe.«

»Ich mache es für Sie, wenn ich meine Buchhaltung bis um drei fertig habe.«

Der Kollegin muss klar werden, dass Sie eine nette und hilfsbereite Person sind, sich jedoch nicht zum Dienstboten machen lassen.

Für den Chef und seine plötzliche Bitte, abends länger zu bleiben:

»Ich muss erst die Tagesmutter meines Sohnes fragen, ob ich ihn später holen kann.«

»Darüber muss ich mit meinem Mann sprechen. Ich weiß nicht, ob der für uns schon was geplant hat.«

»Ja, ich bleibe heute länger. Es passt mir gut, wenn ich dafür morgen später kommen kann. Dann gehe ich morgen früh zum Zahnarzt.«

»Ich kann es mir einrichten, wenn ich dann morgen länger Mittag machen und etwas erledigen kann.«

Dem Chef muss klar werden, dass Sie selbstverständlich bereit sind, Ihre private Planung im Interesse der Firma auch mal zu ändern. Doch er muss ebenso klar erkennen, dass dies nicht selbstverständlich ist. Denn es ist ja keineswegs so, dass Sie kein Privatleben mehr haben und womöglich dankbar sind, von ihm auch noch nach Feierabend beschäftigt zu werden.

So geben Sie ein bedingtes Ja

Das bedingte Ja ist wortreicher als das Nein. Emotional wird es Ihnen leichter fallen, statt klar nein zu sagen, erst einmal mit einem bedingten Ja einen Aufschub zu gewinnen oder eine Gegenleistung einzufordern. Vom Rhetorischen her ist es jedoch schwieriger.

Durch die wortreichere Formulierung laufen Sie womöglich Gefahr, zu ausführlich zu werden. Am Ende »reden Sie sich um Kopf und Kragen«. Je mehr Sie an **Zu viel Worte können** Erklärungen abzugeben versuchen, desto **Unsicherheit verraten.** deutlicher spürt die andere Person Ihre Unsicherheit. Sie merkt Ihnen an, dass Sie sich lediglich mit Vorwänden aus der Affäre ziehen wollen und innerlich gar nicht in Ihrem Standpunkt gefestigt sind. Nur ein paar Gegenfragen und schon »kippen Sie um« und sagen bedingunglos ja. Nicht nur das – Sie schämen sich auch für das überflüssige Herumgerede und trauen sich in Zukunft noch weniger, Bitten anderer abzulehnen.

Marion Wartmann arbeitet an der Annahmestelle der Autoreparatur-Annahme. Vor ihr steht der Kunde Uwe Fuchs. Er hat soeben seinen Wagen zur Inspektion gebracht.

»Können Sie mir einen Leihwagen geben? Ich habe leider völlig vergessen, einen zu reservieren.«

Marion weiß, dass Herr Fuchs dem Unternehmen bereits einige Male Ärger gemacht hat. Seine Daten im Computer tragen den Vermerk »uc«. Das steht für »unpleasant customer«. Er ist ein Kunde, der Rechnungen erst nach etlichen Mahnungen bezahlt, der durch Scheinreklamationen die Kosten zu drücken versucht und der im Konfliktfall sehr unverblümt werden kann. Marion wird sich bei ihren Chefs auf keinen Fall in die Nesseln setzen und Herrn Fuchs einen Leihwagen geben. Den hätte er vorab beim Werkstattmeister reservieren müssen.

»Tut mir Leid«, sagt sie. »Dazu brauche ich die Genehmigung des Meisters.«

»Aber Sie haben hier doch immer ein paar Wagen für Notfälle stehen.« Herr Fuchs kennt sich leider sehr gut aus.

»Ja, aber ich weiß nicht, ob die schon für jemanden reserviert sind.«

»Das müssen Sie doch im PC nachsehen können.«

»Ja, aber ich habe keinen Zugriff auf die Datenbestände der Kollegen.«

»Aber Sie geben doch auch spontan an solche Kunden einen Wagen, die mit einer Panne hierher geschleppt werden. Die haben doch auch nicht vorab reserviert.«

»Ja, die bekommen aber andere Autos aus den älteren Beständen.«

»Das macht nichts. Geben Sie mir einen von den älteren Wagen.«

Herr Fuchs lässt nicht locker. Er treibt Marion mit immer neuen Einwänden in die Enge. Langsam wird es peinlich vor weiteren Kunden, die sich an ihrem Schalter einfinden.

➤ Es wäre auch nicht besser gewesen, wenn sie gleich mit
ausführlicheren Erklärungen angefangen hätte:

Herr Fuchs: »Können Sie mir einen Leihwagen geben? Ich
habe leider völlig vergessen, einen zu reservieren.«

Marion: »Tut mir Leid. Ich würde Ihnen gerne ein Fahrzeug
geben, aber das geht nicht ohne Genehmigung des Meisters.
Der ist im Moment nicht da. Ich kann ihn erst wieder in einer
Stunde erreichen. Ob der aber noch einen Wagen übrig hat,
weiß ich nicht. Jetzt ist Hochsaison. Da sind wir immer knapp
mit Leihwagen. Wenn Sie das nächste Mal reservieren, dann
steht einer für Sie bereit. Aber so wird es kaum gehen. Wie gesagt, ich kann da gar nichts machen.«

Ein solcher Wortschwall ist fast so deutlich wie ein Schild
auf der Stirn mit der Aufschrift »Ich fühle mich unsicher und
werde Ihnen alles geben, wenn Sie mich nur noch beharrlich
weiterquälen«.

➤ So sollte Marion reagieren:

Herr Fuchs: »Können Sie mir einen Leihwagen geben? Ich
habe leider völlig vergessen, einen zu reservieren.«

Marion: »Tut mir Leid. Das geht nicht ohne Genehmigung
des Meisters.«

»Aber Sie haben hier doch immer ein paar Wagen für Notfälle stehen.«

»Ja. Aber wie gesagt: Das entscheidet der Meister.«

Egal, was Herr Fuchs noch vorbringt, Marion wiederholt beharrlich: »Das entscheidet der Meister.« Dann macht sie sofort
den Mund zu. Jede weitere Erklärung würde Herrn Fuchs
unnötig ermutigen.

Die Kunst des bedingten Jas verlangt Übung. Denn es ist eine wichtige Alternative zum Nein auf Anhieb. Prägen Sie sich kurze Standardsätze für Notfälle ein und beginnen Sie mit knappen Formulierungen:

»Das muss ich mir erst mal durch den Kopf gehen lassen.«

»Das kann ich so ad hoc nicht entscheiden. Ich sage Ihnen Bescheid, wenn ich das geklärt habe.«

»Darüber will ich zuerst mit ... sprechen.«

»Dazu kann ich erst etwas sagen, wenn ... (ich meine Arbeit fertig habe; ich die Termine kenne)«

»Dazu muss ich Rücksprache mit ... nehmen.«

»Ich möchte das nicht so übers Knie brechen. Bitte sprechen Sie mich morgen (nächste Woche) noch mal an.«

»Das kommt für mich jetzt ganz überraschend. Ich denke darüber nach und sage Ihnen Bescheid.«

»Ich muss zuvor ... klären.«

»Darüber will ich erst einmal eine Nacht schlafen.«

»Tun Sie dafür ... für mich?«

»Wenn Sie ... machen, bin ich gerne bereit, für Sie ... zu tun.«

»Unter der Bedingung, dass ..., stimme ich zu.«

»Wenn ... bis dahin erreicht ist, kann ich für Sie ...«

➤ Wenn Ihnen gar keine Bedingung einfällt, können Sie auch offensiv gegenfragen:

»Was wollen Sie mir dafür an Aufgaben abnehmen?«

»Wie wollen Sie mir dafür entgegenkommen?«

»Wenn ich ... für Sie erledige, was wollen Sie stattdessen für mich erledigen?«

Sie werden sehen, wie so mancher Zeitgenosse erst einmal schluckt. Dann wissen Sie, dass die betreffende Person sich zwar Gedanken gemacht hat, was sie von Ihnen will, doch sie hat keinen Gedanken daran verschwendet, was sie im Ausgleich ihrerseits für Sie tun könnte.

Wenn Sie weitere mögliche Formulierungen notiert haben, dann trainieren Sie das selbstbewusste Aussprechen: Sagen Sie die Sätze immer wieder laut. Sie müssen Ihnen flüssig und mit fester Stimme über die Lippen kommen.

Auch hier: Üben Sie Dialoge im Rollenspiel. Sie brauchen das Training mit Rollenspielpartnern, um im konkreten Fall schlagfertig auch auf unerwartete Einwände und Druckversuche reagieren zu können.

> Grundsätzlich merken Sie sich bitte: Je weniger Worte Sie machen, desto selbstbewusster wirken Sie.

Lassen Sie sich nie wieder ausnutzen!

6

Sind Sie »zu gut« für diese Welt?

Theoretisch sind Sie nun fit für das Neinsagen. Sie kennen die notwendigen Techniken und haben sie eingeübt. Jetzt können Sie das Neinsagen in die Praxis umsetzen. Was hält Sie zurück? Vielleicht sind Sie »zu gut« für diese Welt? Haben Sie Sorge, nicht mehr als nett, hilfsbereit oder sympathisch zu gelten?

Haben Sie höhere moralische Grundsätze, als es Ihnen gut tut? Vor allem zwei Grundprobleme sind dafür verantwortlich, wenn man anderen nicht gern eine Bitte abschlägt:

1. Man stellt zu hohe moralische Anforderungen an sich selbst. Die inneren Stimmen sagen:
»Ich darf nicht egoistisch sein.«
»Ich muss Gutes tun.«

2. Man hat Angst vor der schlechten Meinung anderer Menschen. Die innere Stimme sagt:
»Ich muss beliebt sein.«
»Was werden die anderen von mir denken, wenn ich nicht tue, was sie wollen?«

Das Neinsagen fällt insbesondere Frauen schwer. Allen Emanzipationsbemühungen zum Trotz wirken traditionelle Erziehungsideale und Rollenmuster immer noch sehr stark auf uns ein.

Kleinen Jungs wird bevorzugt beigebracht: »Lass dir nichts gefallen!« »Setz dich durch!« »Sei kein Feigling!« »Sei mutig und kämpfe!« Kleine Jungs dürfen sich raufen und Konflikte miteinander austragen. Sie lernen: Nichts ist so peinlich, wie ein Verlierer zu sein.

Kleinen Mädchen wird bevorzugt beigebracht: »Sei lieb und manierlich.« »Streite nicht.« »Benimm dich gut.« »Achte auf deinen guten Ruf.« Kleine Mädchen dürfen sich nicht raufen und Konflikte offen austragen. Sie lernen: Es ist ganz wichtig, was andere von mir denken.

Kein Wunder, dass Männer sich leichter damit tun, nein zu sagen. Sie überlegen bei den Anforderungen anderer, ob es in ihrem Interesse ist, ja zu sagen, und ob sie dabei auch nicht zu Verlierern werden. Sie setzen sich leichter **Männer lassen sich nicht gerne** darüber hinweg, wenn andere sauer auf sie **»unterkriegen«.** sind. Sie kämen sich vor wie Trottel, wenn sie zu den Anforderungen ihrer Mitmenschen immer brav ja und amen sagen würden. Schon aus diesem Grunde sagen Männer oft sogar aus purem Widerspruchsgeist nein, wo sie eigentlich auch ja sagen könnten. Sie wollen halt regelmäßig zeigen: »Ich lasse nicht beliebig mit mir umspringen!«

Kein Wunder, dass Frauen sich schwer damit tun, nein zu sagen. Sie überlegen bei den Anforderungen anderer, ob sie sich unbeliebt machen, wenn sie nicht ja sagen. Sie können es nicht ertragen, wenn andere sauer sind, und sie **Frauen wollen gerne »gute** geben leichter nach, wenn man an ihr **Menschen« sein.** Helfersyndrom appelliert. Frauen wissen zwar oft, dass man ihre Gutmütigkeit ausnutzt. Aber sie kämen sich vor wie herzlose Egoisten, wenn sie auch nur einmal die Bitte eines anderen Menschen abschlagen würden. Innerlich ärgern sich viele Frauen über sich selbst: »Ich lasse mir viel zu viel zumuten!« Aber sie schaffen nur mühselig den Sprung über den eigenen Schatten: »Ist mir ganz egal, ob andere auch mal sauer sind. Hauptsache ist, dass ich nicht von ihnen zum Packesel ihrer Lasten gemacht werde.«

Männer haben allerdings manchmal auch Probleme mit dem Neinsagen. Es kommt zwar seltener vor, aber es quält sie dann oft noch mehr als die Frauen. Denn sie fühlen sich in ihrer

»Mannesehre« getroffen, wenn sie zu nachgiebig sind. Das ist ein Schmerz, der sehr tief geht. Dennoch können sie oft ohne therapeutische Hilfe nicht über ihren Schatten springen und ganz einfach nein sagen, wie das folgende Beispiel zeigt.

Markus Münze hört immer wieder von seinem Chef den Rat: »Nun lassen Sie sich doch nicht alles gefallen! Die Kollegen fahren Schlitten mit Ihnen, die holen Ihnen jeden Tag die Wurst vom Brot! Sie müssen es lernen, sich durchzusetzen!« Die Sekretärin hat schon zu ihm gesagt: »Sie sind wirklich ein Heiliger.« Stimmt. Markus weiß, dass die anderen ihn ausnutzen. Er weiß auch, was er anders machen müsste, aber er schafft es nicht, sich der Forderungen von Kollegen zu erwehren.

Nicht nur das! Auch seine Frau dominiert ihn. Sie ist gut zu ihm, sorgt für ihn, würde trotz eigener Berufstätigkeit niemals seine Hilfe im Haushalt verlangen. Aber sie dominiert ihn. Sie ist mehr seine Mutter als seine Ehefrau. Sie weiß, was gut für ihn ist. Sie sagt ihm, was er zu tun und zu lassen hat. Sie packt ihm für seine Geschäftsreisen sogar die Koffer und mahnt ihn, unterwegs auf eine gesunde Ernährung zu achten. Innerlich denkt er manchmal: »Nein! Lass mich in Ruhe! Nein! Ich will das selbst entscheiden! Nein! Ich habe eine andere Meinung.« Laut sagt er: »Ja, du hast Recht. Ja, wie du meinst. Ja, ich mache es so, wie du willst.«

Da Markus sich beruflich weiterentwickeln möchte, lässt er sich inzwischen von einem Karrierecoach beraten. Mit ihm ist er der Ursache für seine »Nein-Phobie« nachgegangen. Das Problem liegt vermutlich in seiner Kindheit. Der Vater verließ schon früh die Familie. Seine Mutter trichterte dem Sohn fortan folgende Botschaft ein: »Männer sind rücksichtslose Egoisten. Werde bloß nicht wie dein Vater!« Wie kann ein kleiner Junge dabei lernen, auch nur einmal der Mutter gegenüber den eigenen Standpunkt zu vertreten? Die ständige Bereitschaft, es ihr recht zu machen, hat sich inzwischen auf Ehefrau, Chef, Kollegen, Kunden und überhaupt auf alle anderen Menschen übertragen.

Ob Sie eine Frau oder ein Mann sind, spielt in diesem Zusammenhang keine Rolle, auf jeden Fall haben Sie ganz sicher schon längst erkannt: »Meine Gutmütigkeit und Anpassungsbereitschaft dankt mir niemand!«

Stimmt. Wenn andere mit ihren Zumutungen zu Ihnen kommen oder Sie herumdirigieren, sagen sie natürlich spontan, wie dankbar sie sind. Das kann sich oft sogar überschwänglich anhören: »Danke! Ich wusste, dass du **Werden Sie niemals »dankes-** mich nicht im Stich lässt!« »Danke! Du **süchtig«!** bist meine Rettung!« »Danke, dass du so nett bist!« Aber schon kurz darauf haben sie völlig vergessen, was sie eigentlich Ihnen zu verdanken haben! Sie kämen nie auf die Idee, ihrerseits das Gleiche auch einmal für Sie zu tun ...

Die Gefahr für Sie kann in Folgendem bestehen:
1. Es tut Ihnen gut, den überschwänglichen Dank zu hören. Es schmeichelt Ihnen.
2. Sie fühlen sich bald frustriert, schon wieder in Ihrer Gutmütigkeit ausgenutzt worden zu sein.
3. Sie sehnen sich nach einer neuen Dosis überschwänglicher Dankesbezeugungen.
4. Ihre Mitmenschen spüren, dass Sie dringend wieder »gute Werke« tun möchten, um neuen Dank zu hören. Sie kommen mit neuen Forderungen zu Ihnen – und es geht bei Punkt 1 wieder los.

Daraus kann sich wie bei einer Sucht ein Teufelskreis entwickeln. Sie werden womöglich süchtig nach dem Gefühl, gebraucht zu werden, es anderen recht gemacht zu haben. Sie wollen regelmäßig »Danke!« hören. Der erste Schritt gegen das Ausgenutztwerden ist Ihr Entschluss: »Ich will ab sofort nicht mehr, dass andere mir zu Dank verpflichtet sind.«

Da das Problem vor allem im Berufsleben auftritt, sollten Sie auch dort zuerst ansetzen. Nehmen Sie sich vor: »Ich bin kollegial und freundlich. Aber ich will aus der Dankbarkeit anderer kein Lustgefühl mehr ziehen. Mir soll es stattdessen eine Befriedigung sein, respektiert zu werden!«

Was Sie jetzt für sich tun können:

Betrachten Sie die Kolleginnen und Kollegen, die besonders selbstbewusst auftreten. Wohlgemerkt: Es geht nicht um die Unsympathischen und die Egoisten! Suchen Sie sich stattdessen eine Person heraus, die beliebt ist, sich jedoch selbstbewusst gegen jeden Ausnutzungsversuch zur Wehr setzen kann. Es ist egal, ob die Person weiblich oder männlich ist. Es ist auch egal, ob sie in der Hierarchie über oder unter oder neben Ihnen steht.

Beobachten Sie im Laufe der nächsten Zeit diese Person:

➤ Wie geht sie mit Kollegen, Chefs und Kunden um?
➤ Wie ist ihre Körperhaltung, ihre Gestik und Mimik?
➤ Wie kommuniziert sie mit anderen?
➤ Wie sind ihre Wortwahl und ihre Stimme?
➤ Wie ist das Äußere? Wie kleidet und frisiert sie sich?
➤ Wie sieht ihr Arbeitsplatz aus?
➤ Wie ist der Arbeitsstil dieser Person?
➤ Woran erkennen Sie, dass diese Person beliebt ist?
➤ Woran erkennen Sie, dass diese Person selbstbewusst ist?

Sie brauchen bei der Beobachtung gar nicht gezielt solche Begebenheiten zu erwischen, bei denen die betreffende Person gerade nein sagt oder ein bedingtes Ja gibt. Das werden Sie ohnehin kaum beobachten können. Beliebte und selbstbewusste Menschen werden nur selten von Ausnutzern bedrängt. Ausnutzer haben nämlich ein feines Gespür dafür, mit wem sie das machen können und mit wem nicht.

Versuchen Sie ganz allgemein jene Person, die vorbildlich Sympathie und Selbstbewusstsein lebt, gelegentlich übungshalber zu kopieren. Natürlich sollen Sie nicht dauerhaft als deren Klon herumlaufen. Versuchen Sie jedoch immer wieder, ihre Haltung, ihr Kommunikationsverhalten oder auch ihre äußere Erscheinung nachzuahmen. Das schärft Ihren Blick in der Wahrnehmung auch kleinster Signale von solchen Menschen, von denen Sie etwas lernen können. Es erweitert Ihre Verhaltenskompetenz, wenn Sie üben, auch einmal so zu reagieren wie Ihre Vorbilder.

Probieren Sie es aus. Lernen von Vorbildern ist eine uralte und höchst wirksame Methode des Lernens. Sie werden trotzdem niemals als Kopie eines anderen Menschen herumlaufen. Das geht gar nicht, weil Sie eben doch ganz anders sind.

Das Anti-Ausnutzungs-Programm: Die Bilanz-Methode

Wenn Sie auch zu den Netten und Hilfsbereiten gehören, die immer wieder von anderen ausgenutzt werden, dann sollten Sie ab sofort konsequent etwas dagegen unternehmen. Das grundsätzliche Rüstzeug dafür haben Sie nun bereits: Sie kennen die Techniken des Neinsagens oder des bedingten Ja. Sie **Nicht nein sagen können ist einer der gefährlichsten »Karrierekiller«.** kennen auch die Technik, wie Sie ein gegebenes Wort wieder rückgängig machen können. Sie wissen auch, dass Ihr Ansehen bei anderen Menschen nicht davon abhängt, wie sehr Sie sich jederzeit als gefügig erweisen. Also können Sie jetzt gezielt an das Anti-Ausnutzungs-Programm gehen!

Zwei Gründe sprechen dafür, dass Sie in Ihrem beruflichen Umfeld damit beginnen:
1. Im Beruf sind Sie emotional nicht ganz so intensiv gebunden wie in Familie, Freundeskreis und Nachbarschaft. Dort fällt es Ihnen leichter, auch einmal das Schmollen und die Enttäuschung, das Diskutieren und den Druck zu ertragen, und Ihren Kollegen, Kunden und Chefs fällt es schwerer, Ihnen zu nah »aufs Fell zu rücken«.
2. Im Beruf ist es ganz besonders wichtig, dass Sie nicht nur geliebt, sondern auch respektiert werden. Respekt bekommen Sie aber nur als selbstbewusste Persönlichkeit, die souverän ihre eigenen Entscheidungen über Ja oder Nein trifft.

Es würde Ihnen vermutlich nicht helfen, wenn Sie sich lediglich vornehmen: »Ich lasse mich nicht mehr ausnutzen.« Das ist zwar ein guter Entschluss, reicht aber allein oft nicht aus. Packen Sie die Sache strategisch und in kleinen Schritten an:

1. Suchen Sie sich nur eine Zielperson aus.
Wählen Sie eine Kollegin oder einen Kollegen aus – nicht jedoch den Chef! Es sollte sich um eine Person handeln, mit der Sie eigentlich ganz gut auskommen, die jedoch öfter mal dazu neigt, Ihre Nettigkeit auszunutzen. Sie sollten auf keinen Fall eine Person auswählen, gegen die Sie zur Zeit einen Groll hegen!

Denken Sie bitte auch daran, dass Sie keine pädagogischen Absichten verfolgen. Sie wollen die andere Person nicht zu mehr Rücksichtnahme erziehen. Sie wollen lediglich um sich selbst eine Grenze markieren für das, was Sie in Zukunft noch mit sich machen lassen und was nicht.

2. Analysieren Sie die Zielperson und ihre Beziehungen im Job.
Denken Sie über das Verhältnis zwischen Ihnen und Ihrer Zielperson nach:
➤ Wieso macht sie das mit mir?
➤ Weshalb lasse ich das mit mir machen?
➤ Warum kann ich dieser Person gegenüber nicht gut nein sagen?
➤ Was denkt diese Person über mich? Mag sie mich? Respektiert sie mich?
➤ Wie geht diese Person mit anderen Kollegen um?
➤ Lassen die anderen sich auch von dieser Person gelegentlich ausnutzen?
➤ Was will ich in Zukunft im Verhältnis zu dieser Person anders haben?

3. Definieren Sie Forderungen.
Überlegen Sie sich drei bis vier Bitten oder Forderungen, die Sie an die Zielperson richten können. Soll sie Sie mal bei bestimmten Terminen vertreten? Soll sie mal für Sie den Dienstplan ändern? Soll sie mal eine Arbeit für Sie erledigen?

Diese Forderungen sollten nicht zu groß sein, aber auch nicht zu klein. Sie müssen von der Zielperson ein Entgegenkommen verlangen, das dem vergleichbar ist, wie Sie es ihr gegenüber bisher gezeigt haben.

4. Sprechen Sie die Zielperson mit Ihrer Forderung an.
Gehen Sie auf die Zielperson zu und bitten Sie sie um den ersten Gefallen.

Jetzt entscheidet es sich!

Wenn die Zielperson anstandslos Ihrer Bitte nachkommt, dann ist es mit hoher Wahrscheinlichkeit so, dass sie niemals die Absicht hatte, Sie auszunutzen! Sie ist wahrscheinlich froh, Ihnen auch endlich einmal einen Gefallen tun zu dürfen! Nehmen Sie in Zukunft viel öfter deren Hilfe in Anspruch. Dann sind Sie auf dem besten Weg zu einer fairen kollegialen Zusammenarbeit.

Suchen Sie sich jedoch eine neue Zielperson und fangen Sie bei Punkt 1 wieder an: Sollte diese Zielperson jedoch Ihre Bitte abschlagen, so nehmen Sie das hin. Auch andere Menschen haben das Recht, nein zu sagen.

Warten Sie nun einen Tag oder zwei. Gehen Sie dann mit dem zweiten Anliegen zu dieser Zielperson. Wieder nichts? Geben Sie ihr im Laufe der nächsten Tage noch eine oder zwei weitere Chancen.

Sie werden nun ganz sicher erkennen, ob Ihre Zielperson tatsächlich so gemein ist, Sie immer wieder auszunutzen, Ihnen jedoch die kalte Schulter zeigt, wenn Sie selbst einmal Hilfe brauchen. Vielleicht aber war das erste Nein tatsächlich notwendig, und Ihre zweite und dritte Bitte wird nun erfüllt. Das bedeutet ebenfalls, dass Sie sich in Zukunft mehr Unterstützung holen sollten. Die Zielperson ist ja offensichtlich gerne dazu bereit. Für Sie jedoch bedeutet das: Es fällt Ihnen demnach nicht nur schwer, nein zu sagen, sondern Sie haben auch ein Problem damit, andere um etwas zu bitten. Bedenken Sie in diesem Fall, dass die meisten Menschen liebend gerne nett sind und Ihnen helfen. Geben Sie ihnen also in Zukunft auch die Chance!

Sollten Sie mit dieser Taktik allerdings erkannt haben, dass die Bilanz des Helfens zwischen Ihnen und der Zielperson unausgewogen ist, dann müssen Sie deren Ausnutzerei konsequent ein Ende setzen! Das ist die Person, an der Sie ab sofort Ihre Kunst des Neinsagens üben!

5. Üben Sie das Neinsagen zur Zielperson.
Bereiten Sie sich innerlich darauf vor, bei der nächsten Gelegenheit zu genau dieser Zielperson tatsächlich nein zu sagen.

Wenn möglich, sollten Sie schon mal mit Freunden oder mit dem Partner die Situation im Rollenspiel proben.

Auf jeden Fall sollten Sie lustvoll in der Vorfreude schwelgen! Sie sind nun nicht mehr die/der Ausgenutzte, welche/r am liebsten vor weiteren Anforderungen weglaufen möchte. Sehen Sie sich nun selbst wie eine Spinne im Netz, die nur darauf wartet, dass die Zielperson endlich kommt und etwas von Ihnen will. Und wupp! Sie verfängt sich im Netz Ihres souveränen Neins.

6. Nutzen Sie die erste Gelegenheit zum Nein.
Wenn die besagte Zielperson das nächste Mal mit einer Bitte oder Forderung auf Sie zukommt, betrachten Sie bitte nicht diesen speziellen Fall. Wägen Sie nicht ab, ob Sie ja oder nein sagen wollen. Sie sagen auf jeden Fall nein! Das ist ja der Sinn der Übung.

Fangen Sie auch nicht von sich aus an, über die Situation zu sprechen, in der Sie kürzlich Ihrerseits bei der Zielperson abgeprallt sind. Sagen Sie zunächst ganz professionell wie oben beschrieben: Nein. Erst wenn die Zielperson Sie unter Druck setzt, sollten Sie auf die ungleiche Bilanz der Gefälligkeiten zwischen Ihnen beiden zu sprechen kommen.

Bleiben Sie aber auch dann sehr selbstsicher und immer schön freundlich. Klagen Sie nicht an, machen Sie keine Vorwürfe und lassen Sie sich nicht auf zähe Diskussionen ein. Das Gespräch könnte sich wie folgt entwickeln:

Ihre Kollegin bittet: »Kannst du bitte für mich in das Geschäftsführer-Meeting gehen? Ich habe noch so viel Arbeit auf dem Tisch.«

Sie: »Nein, leider nicht.«

Kollegin: »Du kannst nicht?«

Sie: »Nein. Sorry.«

Kollegin: »Wieso denn nicht?«

Sie: »Wie, wieso nicht?«

Kollegin: »Wieso kannst du nicht?«
Sie: »Soll ich mich jetzt rechtfertigen?«
Kollegin: »Hast du schlechte Laune?«
Sie: »Nee, ist mir nicht bewusst.«
Kollegin: »Du hast doch was!«
Sie: »Ja. Ich habe auch eine Menge zu tun.«

Wenn Sie Glück haben, reicht es an dieser Stelle schon. Die Kollegin lässt Sie in Ruhe. Sie wird vielleicht später noch einmal auf Sie zukommen und mit Ihnen darüber reden wollen, ob Sie irgendwie sauer sind. Dann können Sie gern offen sagen: »Weißt du, ich habe dich gestern um ... und vorgestern um ... gebeten. Du hast mir nicht geholfen. Okay, du hast sicher deine Gründe gehabt. Ich verlange keine Rechenschaft von dir und unterstelle dir auch keine schlechte Laune. Aber es lässt mich doch darüber nachdenken, wieso ich dir mehr helfen soll als du mir.« Dazu soll nun erst einmal die Kollegin etwas sagen. Vielleicht ergibt sich daraus ja endlich das notwendige Gespräch über Kollegialität und gegenseitige Hilfsbereitschaft. Vermutlich wird Ihre Kollegin Wert darauf legen, dass es sich ja nur um ein kleines »Missverständnis« handelt. Niemals wollte sie Sie ausnutzen! Lassen Sie es dabei bewenden. Die Dame wird Sie auf jeden Fall in Zukunft mit mehr Respekt behandeln. Auf der Basis können Sie gemeinsam ein wirklich gutes Teamworking von Geben und Nehmen aufbauen.

Wenn Sie Pech haben, geht die obige Diskussion jedoch weiter. Aber auch das sollten Sie positiv sehen: Denn Sie üben daran Ihre Standfestigkeit.

Ihre Kollegin: »Warum bist du so stur? Bitte geh doch für mich in das Meeting. Bitte!«
Sie: »Jetzt soll ich dir einen Gefallen tun. Aber gestern habe ich dich um ... und vorgestern um ... gebeten. Hast du mir geholfen?«

Kollegin: »Was soll das denn heißen? Ich hätte dir gestern und vorgestern natürlich geholfen. Ich konnte nicht, weil ...«

Sie unterbrechen am besten sofort: »Nein, nein! Du brauchst dich nicht zu rechtfertigen! Es geht doch nur darum, dass wir uns gegenseitig helfen, wo wir können, aber manchmal ist es einfach nicht möglich. Ich habe dann Verständnis für dich. Und du solltest mich verstehen, wenn ich jetzt auch mal nicht kann.«

Schluss. Ende der Diskussion. Wenden Sie sich wieder Ihrer Arbeit zu. Vertiefen Sie sich in Ihre Unterlagen, damit die Kollegin nicht merkt, wie Sie innerlich zittern.

Gehen Sie später wieder ganz normal mit ihr um, als sei nie etwas Besonderes vorgefallen. Soll die Kollegin sich den Kopf zerbrechen und gegebenenfalls als Erste noch einmal das Gespräch mit Ihnen suchen. In diesem Falle sagen Sie ihr ganz einfach, was Sache ist: Sie fühlen sich zu oft in Anspruch genommen und müssen leider erkennen, dass Sie selbst im Gegenzug nicht so viel an Unterstützung erleben.

7. Dokumentieren Sie Ihren Erfolg.
Wenn Sie endlich die Gelegenheit hatten, der Zielperson gegenüber nein zu sagen, dann notieren Sie das am besten in Ihrem Tagebuch. Denn dies ist ein wich- **Bleiben Sie motiviert – es** tiger Meilenstein auf Ihrem Weg zur sou- **lohnt sich!** veränen Selbstbehauptung. Sie können auch eine Kerbe in Ihr Lineal schnitzen.

Oder noch besser: Machen Sie es wie ich damals: Kaufen Sie sich ein Sparschwein und werfen Sie immer zwei Euro für ein erfolgreiches Nein hinein. Ich bin mit dem Geld für ein Wochenende nach Amsterdam gefahren. War klasse!

Genau wie ich werden auch Sie erleben: Niemand von den Kollegen mag Sie deshalb weniger gut leiden. Alle werden Sie mehr respektieren und endlich das ihrige dazu beitragen, dass im Team ein faires Klima von Hilfsbereitschaft und Rücksichtnahme herrscht.

Was Sie danach noch für sich tun sollten:

Übertragen Sie die Kunst des Neinsagens vom Berufsleben ins Private. Verfahren Sie auch dort schön strategisch mit Zielperson, Bilanz und Sparschwein.
Sie schaffen es!

Arbeiten Sie nach bewährtem Trainingsprogramm

Sie wollen in Zukunft dort selbstbewusst nein sagen können, wo Sie bisher gegen Ihren Willen und gegen Ihre berechtigten eigenen Interessen anderen Menschen zu sehr nachgegeben haben. Das bedeutet natürlich nicht, dass Sie nun zum »Negaholiker« werden. Sie wollen jetzt nicht etwa nur noch nein sagen und sich überall gegenüber den Wünschen Ihrer Mitmenschen verschließen. Es geht vielmehr darum, dass Sie lernen, Ihrer *Angst* vor dem Neinsagen immer öfter ein Schnippchen zu schlagen.

Im Gegensatz zu den »Negaholikern«, die grundsätzlich nein sagen, sind »Negaphobiker« solche Menschen, die geradezu eine Phobie davor haben, nein zu sagen. Dafür kann es verschiedene Gründe geben:

➤ Der Wunsch, sich beliebt zu machen
➤ Sucht nach Dankesbezeugungen

➤ Angst vor Sympathieverlust
➤ Helfersyndrom
➤ Angst vor Konflikten
➤ Hilflosigkeit gegenüber Druck von Fordernden
➤ Unsicherheit bezüglich der eigenen Rechte
➤ Verpflichtungsgefühl wegen früherer Gefälligkeiten anderer
➤ Fehlendes Selbstwertgefühl

Wahrscheinlich sind Sie noch nicht wirklich von einer krank-
haften »Negaphobie« gepeinigt. Wahrscheinlich können Sie
noch sehr gut mit ein wenig Selbstüberwindung Ihr bisheriges
zu nettes und nachgiebiges Verhalten umtrainieren. Machen
Sie es dabei so wie die Menschen, die sich selbstständig ihre
Spinnen-, Höhen- oder sonstige Phobien abtrainieren: Versuchen Sie es mit der Konfrontation.

Das Problem bei einer Phobie ist ja oft, dass die betreffende
Person solche Situationen meidet, in denen sie ihren Ängsten
ausgesetzt wird. Spinnenphobiker gehen nicht in alte Schup-
pen oder Keller mit Spinnennetzen an den Wänden. Höhen-
phobiker steigen nicht auf Türme und betreten keine Balkone
in höheren Stockwerken. Je mehr man jedoch den kritischen
Situationen ausweicht, desto mehr bildet man sich in seinem
Unterbewusstsein ein, tatsächlich einer Gefahr entkommen zu
sein. Resultat: Die Phobie wird schlimmer.

Spinnenphobiker beispielsweise wissen vom Verstand her,
dass es in unseren Breitengraden keine gefährlichen Spinnen
gibt. Dennoch würden sie lieber das Risiko einer Motorrad-
fahrt ohne Helm auf sich nehmen, als den Versuch zu wagen,
einmal eine Spinne mit der Hand zu fangen.

Negaphobiker wissen vom Verstand her, dass es nicht nur erlaubt ist, auch einmal nein zu sagen. Sie wissen, dass es sogar
notwendig ist, wollen sie überhaupt respektiert werden. Sie
erleben auch, dass die Menschen, die gut nein sagen können,

nicht weniger, sondern mehr beliebt sind als solche, die sich stets gefällig zeigen. Und dennoch schaffen sie es in konkreten Situationen nicht, ganz einfach nein zu sagen.

Wenn ein Spinnenphobiker die irrationale Angst vor den harmlosen Tieren loswerden will, wird das in wenigen Tagen gelingen. Und das geht so:

1. Er schaut sich Bilder von Spinnen an.
   Zuerst schüttelt und graust es ihn. Aber dann tritt der Gewöhnungseffekt ein. Die Bilder verlieren ihren Schrecken.
2. Er schaut sich ein Video über Spinnen an.
   Wieder ist es zunächst schrecklich. Schon bald aber kann er dabei gemütlich Kaffee trinken.
3. Er schaut sich aus Distanz lebende Spinnen an.
   Gruselig! Aber mit der Zeit hat er sich auch daran gewöhnt.
4. Er tippt mit dem Finger an ein echtes Spinnennetz.
   Schauerlich! Aber dann ist es auch nicht mehr so schlimm.
5. Er fängt Spinnen mit leerem Glas und Papier und setzt sie nach draußen.

Damit ist er von der Angst befreit. Er braucht nie mehr ein Geschrei zu veranstalten, wenn mal eine Spinne an der Wand lang läuft. Es ist auch gar nicht notwendig, das arme Tier damit zu erschrecken, dass er es in die Hand nimmt. Es reicht, wenn er es einfach ignoriert, sollte es unter dem Bett verschwinden, oder wenn er es sanft mit Papier und Glas vor die Tür setzt.

Genauso machen Sie es am besten mit Ihrer Scheu vor dem Nein. Versuchen Sie ganz bewusst nicht, sich um Situationen **Weichen Sie kritischen** herumzudrücken, in denen man Sie mit **Situationen nicht aus. Kämpfen** Ansprüchen in die Enge treiben könnte. **Sie um Ihr Selbstbewusstsein.** Weichen Sic jenen Menschen nicht aus, die Ihnen mit Forderungen kommen, zu denen Sie nein sagen möchten. Verzichten Sie auf Ausflüchte, Erklärungen, Vorwände, Entschuldigungen und sonstige Weitschweifigkeiten. Sagen Sie nein.

Wenn man Sie fragt, warum Sie nicht ja sagen, dann kommt von Ihnen grundsätzlich erst einmal das bewährte »Wie, warum nicht?«. Fast alle Fälle erledigen sich damit von selbst. Bei den paar extrem Hartnäckigen und Unverfrorenen, die das nicht begreifen und noch weiter in Sie dringen, machen Sie klar, dass Sie

➤ bei Ihrem Nein bleiben;
➤ sich auf keinen Fall zu einer Rechtfertigung nötigen lassen.

Gehen Sie wie bei einer Spinnenphobie an Ihre Neigung zur Negaphobie per Konfrontationstraining heran. Überwinden Sie sich von Schritt zu Schritt. Es ist immer nur ganz am Anfang schrecklich. Doch nach jedem Schritt werden Sie merken: Es ist ganz einfach und es funktioniert!

Und hier sind noch einmal Ihre erfolgreichen Trainingsschritte:

1. Sie sprechen das Wort NEIN immer wieder aus.
Es muss Ihnen geschmeidig und mit fester Stimme über die Lippen kommen. Sprechen, flüstern, rufen, singen Sie immer wieder das Wort NEIN.

2. Sie überlegen sich im Geiste Dialoge mit NEIN.
Gehen Sie gedanklich solche Situationen mit Kollegen oder anderen Personen durch, in denen Sie nein sagen. Spielen Sie innerlich die Rolle einer souveränen Neinsagerin oder eines souveränen Neinsagers. Schauen Sie sich im Geiste selber zu, wie überzeugend und selbstbewusst Sie dabei wirken.

3. *Sie üben das NEIN in Rollenspielen mit einem realen Gesprächs-partner.*

Bitten Sie Ihren Partner, Ihre Kollegin oder Freundin, mit Ihnen Rollenspiele durchzuführen. Die andere Person soll Sie zum Beispiel um fünfzig Euro anpumpen oder Sie um das Ausleihen Ihres Lieblingsbuches bitten oder versuchen, Ihnen eine unangenehme Arbeit zuzuschieben. Die andere Person soll so realistisch wie möglich spielen. Sie spielen dazu passend, wie Sie stark bleiben und sich nicht herumkriegen oder zu Ausflüchten hinreißen lassen.

Tauschen Sie auch mal die Rollen. Versuchen Sie einmal, gegen das Nein einer anderen Person zu argumentieren. Das gibt Ihrem Rollenspielpartner auch die Chance, sich im Neinsagen fit zu machen. Außerdem bekommen Sie ein Gespür dafür, wie man es machen muss, damit es überzeugend wirkt.

4. *Sie gehen bewusst in reale Situationen und sagen NEIN.*

Gehen Sie in Situationen, in denen Sie mit hoher Wahrscheinlichkeit auf Forderungen, Zumutungen und unerwünschte Ansprüche anderer treffen werden. Suchen Sie gezielt den Kontakt zu Menschen, die bisher immer wieder etwas von Ihnen wollten.

An dieser Stelle lösen Sie sich von früheren Gedanken, die vielleicht so ähnlich waren wie:

➤ »Hoffentlich fragt meine Schwiegermutter nicht wieder, ob sie am Wochenende mit in den Schrebergarten kann.«

➤ »Hoffentlich will der Chef nicht schon wieder, dass ich das Protokoll schreibe.«

➤ »Hoffentlich fragen uns die Nachbarn nicht, ob wir während der Ferien den Hund nehmen.«

➤ »Hoffentlich verlangt der Kunde keinen Rabatt.«

Stattdessen denken Sie lustvoll:
➤ »Hoffentlich fragt ... Dann werde ich beweisen, wie ich NEIN sagen kann!«

Sie werden sehen: Beim ersten Mal bleibt Ihnen fast das Herz stehen. Beim zweiten Mal wird die Zunge trocken. Beim dritten Mal geht es schon ganz wunderbar. Beim vierten Mal wissen Sie nicht mehr, weshalb Ihnen das Neinsagen früher mal Probleme gemacht hat. Es ist so einfach!